JN050386

教養で
読み解く
英語長文

河合塾
渡辺淳志 著
村瀬亨 監修

Gakken

目次

本書の構成と使い方

本書は、これからの大学入試、特に有名大学や難関大学を志望する受験生向けの長文対策の本です。基礎編では英文そのものの読み方、実戦編では、実際の入試英文を用いて、教養ポイントをお伝えしつつ問題を解説していきます。

テーマ

最近の入試で頻出のテーマを厳選して取り上げています。

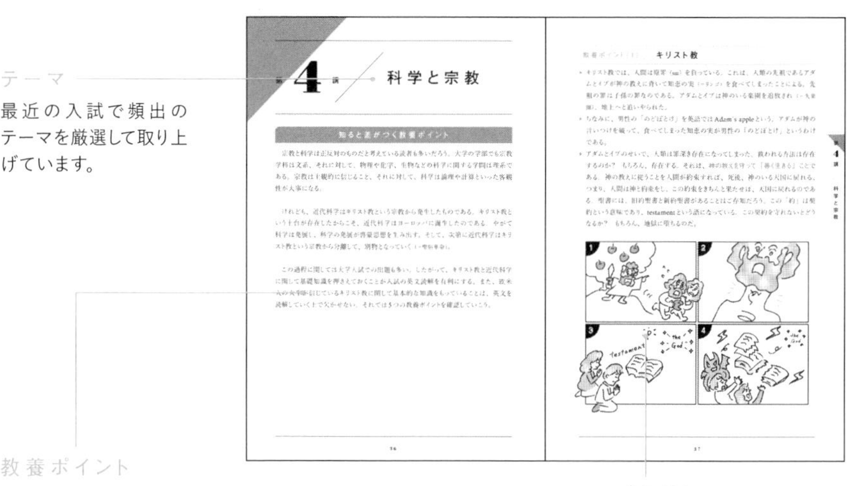

第4講 科学と宗教

知ると差がつく教養ポイント

宗教と科学は正反対のものだと考えている読者も多いだろう。大学の学部でも宗教学科は文系、それに対して、物理や化学、生物などの科学に関する学問は理系である。宗教は主観的に信じること、それに対して、科学は論理や計算といった客観性が大事になる。

けれども、近代科学はキリスト教という宗教から発生したものである。キリスト教という土台が存在したからこそ、近代科学はヨーロッパに誕生したのである。やがて科学は発展し、科学の発展が啓蒙思想を生み出す。そして、次第に近代科学はキリスト教という宗教から分離して、別物となっていく（→聖俗革命）。

この過程に関しては大学入試での出題も多い。したがって、キリスト教と近代科学に関して基礎知識を押さえておくことが入試の英文読解を有利にする。また、欧米人の大多数が信じているキリスト教に関して基本的な知識をもっていることは、英文を読解していく上で欠かせない。それでは5つの教養ポイントを確認していこう。

36

教養ポイント(1) キリスト教

- キリスト教では、人間は原罪（sin）を負っている。これは、人類の先祖であるアダムとイブが神の教えに背いて知恵の実（→リンゴ）を食べてしまったことによる。先祖の罪は子孫の罪なのである。アダムとイブは神のいる楽園を追放され（→失楽園）、地上へと追いやられた。
- ちなみに、男性の「のどぼとけ」を英語ではAdam's appleという。アダムが神の言いつけを破って、食べてしまった知恵の実が男性の「のどぼとけ」というわけである。
- アダムとイブのせいで、人類は罪深き存在になってしまった。救われる方法は存在するのか？　もちろん、存在する。それは、神の教えを守って「善く生きる」ことである。神の教えに従うことを人間が約束すれば、死後、神のいる天国に帰れる。つまり、人間は神と約束をし、この約束をきちんと果たせば、天国に戻れるのである。聖書には、旧約聖書と新約聖書があることはご存知だろう。この「約」は契約という意味であり、testamentという語になっている。この契約を守れないとどうなるか？　もちろん、地獄に堕ちるのだ。

第4講 科学と宗教

37

教養ポイント

英文を読む前に、知っておくと英文読解に有利になる知識を紹介します。前提となる知識があるとないとでは、読みやすさ、解きやすさが変わってきます。

イラスト

教養ポイントが一目でわかるようにイラスト化しています。

問題と解説

実際の入試問題を使い、一文ずつ丁寧に解説しています。

※解説中の訳文はなるべく直訳に近いわかりやすい訳にしています。全訳は文章全体として読みやすい訳に整えてあります。

※本文中で使う記号については、第2講参照。

※本文中で紹介している映画予告編などのURLは、予告なく削除されることがあります。

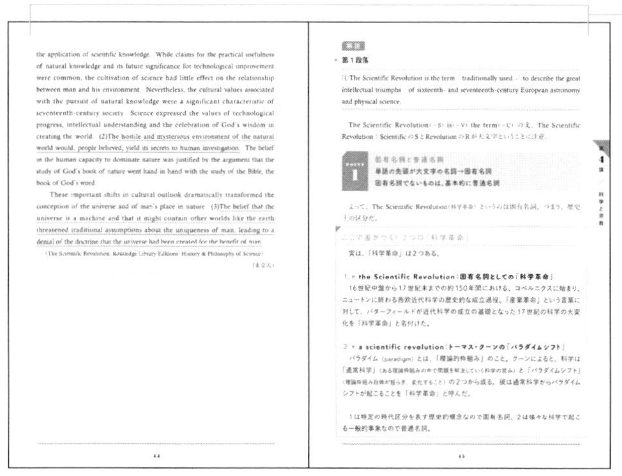

the application of scientific knowledge. While claims for the practical usefulness of natural knowledge and its future significance for technological improvement were common, the cultivation of science had little effect on the relationship between man and his environment. Nevertheless, the cultural values associated with the pursuit of natural knowledge were a significant characteristic of seventeenth-century society. Science expressed the values of technological progress, intellectual understanding and the celebration of God's wisdom in creating the world. (2)The hostile and mysterious environment of the natural world would, people believed, yield its secrets to human investigation. The belief in the human capacity to dominate nature was justified by the argument that the study of God's book of nature went hand in hand with the study of the Bible, the book of God's word.

These important shifts in cultural outlook dramatically transformed the conception of the universe and of man's place in nature. (3)The belief that the universe is a machine and that it might contain other worlds like the earth threatened traditional assumptions about the uniqueness of man, leading to a denial of the doctrine that the universe had been created for the benefit of man.

(The Scientific Revolution, Routledge Library Editions: History & Philosophy of Science)

（東京大）

44

解説

▶ 第1段落

①The Scientific Revolution is the term / traditionally used / to describe the great intellectual triumphs / of sixteenth- and seventeenth-century European astronomy and physical science.

The Scientific Revolution（→S）is（→V）the term（→C）の文。The Scientific Revolution：ScientificのSとRevolutionのRが大文字ということに注意。

POINT 1
固有名詞と普通名詞
単語の先頭が大文字の名詞→固有名詞
固有名詞でないものは、基本的に普通名詞

よって、The Scientific Revolution（科学革命）というのは固有名詞。つまり、歴史上の区分だ。

ここで差がつく！2つの「科学革命」

実は、「科学革命」は2つある。

1 ▶ the Scientific Revolution：固有名詞としての「科学革命」

16世紀中盤から17世紀末までの約150年間における、コペルニクスに始まり、ニュートンに終わる西欧近代科学の歴史的な成立過程。「産業革命」という言葉に対して、バターフィールドが近代科学の成立の基礎となった17世紀の科学の大変化を「科学革命」と名付けた。

2 ▶ a scientific revolution：トーマス・クーンの「パラダイムシフト」

パラダイム（paradigm）とは、「理論的枠組み」のこと。クーンによると、科学は「通常科学」（ある理論枠組みの中で問題を解決していく科学の営み）と「パラダイムシフト」（理論枠組み自体が揺らぎ、変化すること）の2つから成る。彼は通常科学からパラダイムシフトが起こることを「科学革命」と呼んだ。

1は特定の時代区分を表す歴史的概念なので固有名詞、2は様々な科学で起こる一般的事象なので普通名詞。

第4講 科学と宗教

45

基礎編

テーマ別の教養ポイントと長文を読む前に、英文を読む際のルールを解説します。英文を読む際には、文と文のつながりを見抜いて文章全体をとらえるマクロの視点と、一文一文を正確に理解するミクロの視点が必要です。それぞれどうやってとらえていけばいいのか、見ていきましょう。

第1講 これからの大学入試と本書の学習法

本書で学習を始める前に、大学入試英語の傾向と本書の使用法に関して説明したい。重要なことなので読み飛ばさないできちんと読んでほしい。

(1) 民間試験と個別試験

1－1 コミュニケーション英語とアカデミック英語

中学・高校の英語教育「改革」は、従来の読み書き重視から、話す・聞くというコミュニケーションを重視する方向へ一方的に進んできた。ここでは、読み書き重視の英語をアカデミック英語、コミュニケーション重視の英語をコミュニケーション英語と便宜上呼ぶことにする。ところで、大学が求める英語力とはどのようなものなのだろうか?

1－2 知的コミュニケーションとしての英語力

大学が入学希望者に求めている英語力は、一言で言うと、「知的コミュニケーションとしての英語力」になる。生活のさまざまな場面で行う日常的なコミュニケーション能力ではなく、大学での学習に必要な英語の学術文献を読解し、自分の見解を英語で発信できる能力である。

中学や高校の英語教育「改革」は、おおざっぱに言うと、教える内容をコミュニケーション重視にすべきか、従来のままのアカデミックスタイルでいくかという「二者択一」的な議論が多かった。しかし、**コミュニケーション英語もアカデミック英語もどちらとも受験生には必要**なのである。

大学は受験生である君たちに、この「知的コミュニケーションとしての英語力」が身についているかどうかを入試で問うのだ。

1－3　民間試験と個別試験の分業

近年の大学入試英語では、前述の知的コミュニケーションとしての英語力を測るため、分業体制を取ることになってきた。

つまり、

コミュニケーション英語→民間試験
アカデミック英語→大学の個別試験

という分業である。もちろん、民間試験と個別試験の配点比率は、大学の学部や専攻によって差がある。まったく民間試験を導入しないという学部や学科がある一方で、外国語学部や英語学科の入試では、専攻的に英語のコミュニケーション力も重要である。したがって、こうした系統の入試では、民間試験の配点比率が高くなるだろう。それでは、大学の個別試験の傾向はどのように変化しているのであろうか?

(2)／大学入試の大きな変化

2－1　大学入試英語の2つのトレンド

大学入試英語の2つのトレンドは、

(1) 単元・教科のシームレス化
(2) アカデミック重視

である。

(1) のシームレス (seamless) とは、「つなぎ目がない」という意味である。後で詳しく述べるが、シームレス化には、英語の各単元 (英文法・語法／英作文／英文解釈／リスニング) のシームレス化と、各教科 (英語、数学、地歴、理科、公民) のシームレス化の2つがある。後者は教科横断的とも言える。

(2) のアカデミック重視とは、コミュニケーション英語の能力は民間試験で測定することにして、各大学が出題する個別試験では、アカデミック英語の力を測ろうとする傾向が強まっているということである。つまり、個別試験では学術的な文章や小説を読解させる問題が出題されるということになる。

2－2　シームレス化

2－2－1　英語単元のシームレス化（単元融合型）

前述の通り、シームレス化には、英語の各単元のシームレス化がまずある。代表的なのは、慶應義塾大学経済学部と東京外国語大学である。

慶大経済では、長文総合問題（700〜800語）が3題出題される。そして、この英語長文に対して賛成・反対の立場を決めて自由英作文（150語程度）を書く。この際、自分の立場の根拠を出題された英語長文から引用することが決められている。その他、和文英訳問題が1題出題される。つまり、長文読解と英作文が融合した形である。東京外大ではあるテーマの講義を英語で聞き、その講義内容に関して英語で要約（200語）した後、自分の意見を200語の自由英作文として記述する。つまり、リスニングと自由英作文が融合した形式である。

2－2－2　教科のシームレス化（教科横断型）

世界的に中等教育（中学・高校）において、国際バカロレアという資格が注目されている。国際バカロレアとはスイスのジュネーブにある国際バカロレア機構が提供する国際的な教育プログラムのことだ。国際バカロレアの教育課程を修了した学生は世界の大学へ進学する資格があるとされ、国内でも筑波大学や岡山大学などが国際バカロレア特別入試を実施している。

国際バカロレアをはじめとする、このような潮流を受け、日本の大学入試の問題も従来の教科の枠を取り払い、総合的な学力を測ろうとする大学が増えてきている。代表例はICU(国際基督教大学）や早稲田大学政治経済学部の新入試である。

ICUでは、試験科目が高校までの教科の枠組みではなく、人文科学・社会科学・自然科学・総合教養・英語となっている。知識の有無よりも知識の運用能力を測る試験であると言える。また、早大政経では、学部の独自試験を「総合問題」として、英語と日本語の資料を読解しながら、さまざまな問題に関して、選択式と記述式で解答することが求められている。早大政経は、基礎知識を大学入試共通テストで測り、知識の運用能力を独自試験で測るというスタイルである。

2－3　アカデミック重視

アカデミック重視・回帰型の入試は、学術的な文章や小説などを英語で読解させ、和訳させたり、記述させたりする問題や、日本語を英語に変換する和文英訳問題を重視した出題傾向である。これは、古くから行われていた「読み・書き」重視の大学受験英語ということになる。代表例は、東京大学と京都大学である。

東京大学はアカデミック英語とコミュニケーション英語をバランスよく求める問題を出題していたが、2018年より、自由英作文の出題が1つ減り、和文英訳問題が復活している。また、東大は、英文要約、和訳、小説読解の問題を出題し続けている。京都大学も英文和訳と和文英訳が入試問題の中心となっていることは変わらない。

以上、シームレス化もアカデミック重視も、カギとなるのは**教科の枠を超えた「教養」**である。そして、「教養」は本書の基本テーマである。次に、「教養」について考えてみよう。

2－4　教養とは何か

本書では教養を、「さまざまな分野の知識を土台に、自分なりの判断基準としての『知的座標軸』を持ち、個別の事象に対して自分なりの見解を持つこと。そしてそれを正確に他人に伝えること、また、他者の見解を正確に理解し、自分の知的座標軸に位置付けることができること」と定義する。

大学の個別試験で、アカデミック英語が試され、単元や教科のシームレス化が進んでいる現在、「教養」は大学入試において今まで以上に重要なものになっている。したがって、自分の好きな分野の知識だけでなく、幅広く興味関心を持つことが大切だ。また、人間個人が経験できることは有限であるので、小説を読み、実体験できないことを追体験しておくことも教養を深める上では重要である。

そこで、本書では、学術的文章（＝論説文）と小説の読解法を解説する。**論説文の読解ルールと小説の読解ルールは異なる。**特に近年、難関大学で小説が出題されることが増えているが、類書で小説読解のルールを体系的に説明しているものは少ない。これも本書の特徴である。

(3) 本書の構成と使用法

3－1　本書の構成

本書は基礎編と実戦編に分かれる。基礎編では、第2講で「文字情報と音声情報を同じ方法で処理する」ミクロの視点について説明する。基本原則は、「英語を日本語の語順に合わせる」のではなく、「日本語を英語の語順に合わせる」ということになる。したがって、本書で扱う英文は後述する「英→日」音読をきちんと実践してほしい。

基礎編第3講では、「言い換え」や「対比」に注目した英文読解のマクロの視点に関して解説する。実際の入試問題を使い、演習形式で説明する。英単語や熟語、文法や構文はわかるのに、英文の内容はボンヤリとしかわからないという人は第3講をきちんと習得してほしい。

実戦編は、大きく論説文と小説のパートに分かれる。論説文のパートでは、「教養ポイント→演習英文→解説」という構成になっている。演習する英文に関する教養ポイントをまず読んでほしい。ここは英文の背景知識の解説にもなっている。本書が取り上げるテーマは、「科学と宗教」、「人間とAI」、「AIの進化と倫理」、「国際関係と環境倫理」の4つだ。他の参考書や問題集では手薄になっているが、近年の入試問題でよく取り上げられるものを選んだ。また、それぞれのテーマに関する映画も挙げておいた。皆さんの知的好奇心と英語の学習意欲が高まることを期待する。

小説のパートでは、小説の構造を踏まえた読解ルールを伝える。「小説読解ルール→演習英文→解説」という構成だが、解説の中でルールに関して詳しく説明する。このパートを読めば、ドラマや映画など、フィクション全般を違った角度から楽しむことができると思う。

3－2　本書の使用法

実戦編では、まず教養ポイント、小説読解ルールを読んでから、長文問題に取り組んでもらいたい。その後、英文の解説を読む。ここまでを終えてからもう一度教養ポイントと小説読解ルールを読み直すとよい。

基礎編の演習問題と実戦編の英語長文は、読解後音読すること。その際、ただ英文だけを読むのではなく、意味のカタマリごとに「英語→その場で和訳」の順で音読をすることが重要だ。これは、日本語を英語の語順に合わせていくために重要なプロセスだ。1つの英文に関して少なくとも15回、できれば30回は、この「英→日」音読を繰り返してほしい。

以上をまとめると次のようになる。

---

1. 教養ポイント・小説読解ルールを読む
2. 問題を解いてみる
3. 解説を読んで疑問点を解消する
4. 教養ポイント・小説読解ルールを再読
5. 英文の意味のカタマリ(センスグループ)ごとに英→日の音読をする(最低15回)

The future depends on what we do in the present. ～Mahatma Gandhi～
　未来は、自分が現在何をするかにかかっている。～マハトマ・ガンジー～

第2講 英文読解 ミクロの視点

リーディングとリスニングもこの方法でOK!

第2講と第3講では、「教養」を駆使して英文を読み解くために必要な英語の基礎事項について解説する。第2講では、「日本語を英語の語順に合わせて」理解していく方法について説明する。英語の語順のまま英文を読み進めていくには、英文をカタマリに分けてカタマリごとに意味を取っていく必要がある。そのためには、日本語と英語の構造の違いを理解していなければならない。まずは、この日本語と英語の構造の違いについて見ていこう。

ポイント(1) 日本語と英語の差異

1－1 語順と省略

まず、日本語と英語の差異を理解することから始めよう。日本語と英語の差異は、大きく言って次の2つである。

(1) 語順の自由度
(2) 省略の程度

語順の自由度とは、「どのような順序で文の要素を並べることができるか」ということである。たとえば、「私は昨日数学を勉強した」という文で考えてみよう。

私は／昨日／数学を／勉強した
私は／数学を／昨日／勉強した
昨日／私は／数学を／勉強した
昨日／数学を／私は／勉強した
数学を／私は／昨日／勉強した

数学を／昨日／私は／勉強した

日本語では述語「勉強した」が文末にくること以外、自由に要素を並べ替えることができ、伝える意味もほぼ同じであることがわかったと思う。日本語の場合、述語が文末に来るということ以外、語順は比較的自由である。

一方で、英語の場合、上の日本語の例と同じ「私は昨日数学を勉強した」は、

(A) I studied math yesterday.
(B) Yesterday I studied math.

の2つの語順のみが可能であり、(A) と (B) では伝える意味も若干異なる。「私は昨日数学を勉強した」に近い意味は (A) であり、文脈にもよるが、(B) は「(普段は滅多に勉強しない) 数学を昨日は勉強した」という意味になることが多い。このように英語は、語順がきちんと決まっていて、その自由度は極めて低い。

次に、(2) 省略の程度である。日本語でも英語でも省略はあり、コミュニケーションの相手との関係性や文脈によって、省略の程度は異なる。たとえば、日本語の場合では主語を省略することが可能である。しかし、英語の場合、主語を省略することは稀である。特に文字情報の場合はそうだ。

たとえば、日本語で「好きだ!」と言えば、誰が誰を好きなのかということは特に考えなくてもわかる。これに対し、英語の場合は、I love you. と主語と目的語をきちんと示す必要がある。

以上より、

日本語 (高い)←――― (語順の自由度／省略の程度) ―――→ (低い) 英語

となる。まずはこれを押さえておいてほしい。

1－2 「英→日」から「日→英」へ

皆さんが学習している古文でも漢文でも、「古文→現代日本語」、「中国語→日本

語」というふうに、学習対象となる言語を日本語に直していくという形で学習は進む。英語の場合も、和訳を実際に書くか書かないかは別として、「英語を日本語の語順に直す」ことが英文読解の学習の中心となってしまっていることが多い。つまり、英語を日本語の方へ寄せていく「英→日」の方向である。

これでは、文字情報と音声情報を一元的に処理できない。リスニングでは、放送されている英文を日本語の語順に直す時間的余裕がないため、英語リーディングを勉強して、また別のやり方で英語リスニングを学習するということになってしまう。1－1で見た通り、むしろ語順の自由度が高いのは日本語の方なのだ。だから、本書で紹介する渡辺メソッドでは、「日本語をなるべく英語の語順に合わせる」を基本原理とする。つまり、「英→日」ではなく、「日→英」とするのだ。

よく知られていることだが、英語と日本語は構造がかなり異なる。その中で特に大きく異なるのが以下の2点である。

(1)　英語のV(述語動詞) は多機能／日本語の述語は意味だけ
(2)　英語は「名詞+修飾」／日本語は「修飾+名詞」

この2つを克服して「日→英」とできれば、文字情報と音声情報の処理方法を一元化することに大いに役立つ。それでは、(1) から見ていこう。

ポイント(2)　／Vをどう処理するか

1－2で見たように、英語は「S＋V＋X」という語順だが、日本語は「SがXをVする」という語順になり、英文ではSの後にくるVが、日本語に直すと文末にきてしまう。これが大幅な「返り読み」の原因の1つとなっている。ここでは、このVをどのように処理していくかについて説明していく。

▶ 2－1　働き者の述語動詞V／あまり働かない日本語の述語

1－1で見たように、日本語は「述語が文末にくる」ということ以外、語順の自由度が高い。それに対して、英語のV(述語動詞) は働き者で、次の4つの機能を果たしている。つまり、日本語の述語に比べて、Vは「多機能」なのである。

▶ Vの機能

---

(1) Sが3人称単数か否か　例）He runs. ／ I run.
(2) 時制　例）I am running. ／ He ran yesterday.
(3) 態（能動／受動）　例）I broke the window. ／
The window was broken.
(4) 次にくる要素は何か

それに対して、日本語の場合、たとえば「彼は走った」の述語「走った」をどれだけ眺めていても、この語から意味以外の情報は見いだせない。たとえば時制。「彼は昨日走った」なら過去の話だし、「彼はたった今5キロ走った」なら現在完了であろう。また、「彼は愛する者のために走った」という文なら、文脈によっては現在進行形と同じ意味を表すこともある。このように時制ひとつとっても述語だけで決まることはない。伝わるのは意味だけだ。

(4) について、たとえば、I will explainとあれば、explainの後にO(目的語) が続くのではないかと「予測」できる。また、explainは「～を説明する」という意味なので、この後にくるOは「ヒト」ではなく、「モノ・コト」であるということがわかるだろう。しかし日本語は述語が文末にくるので、次にくる要素そのものが存在しにくい。

▶ 2－2　結節点（＝のりしろ）としてのV

そこで、渡辺メソッドでは、S＋V＋Xという英語の基本構造において、S＋VとV＋Xという組に分ける。ここで重要なことは、巷(ちまた)のスラッシュリーディングとは異なり、VがS＋VとV＋Xという2つの組を結ぶ結節点（＝のりしろ：2つのカタマリを結びつける要素）となっていることである。

たとえば、I will explain to you how to use this machine. という文で考えてみよう。

通常では、

I will explain to you how to use this machine.
S　V　O
①　③　②

と構造を捉え、①「私は」、②「この機械の使い方を」、③「これから皆さんに説明します」と理解する。つまり、英語を日本語の順序（①→②→③）に直す「英→日」のスタイルで英文を理解するのだ。

それに対し、渡辺メソッドでは、

I will explain to you ｜ how to use this machine.
①　②

①「私がこれから皆さんに説明するのは」→②「この機械の使い方です」

と考える。詳しく見ていこう。

まず、S＋VのカタマリI will explainを捉え、「私がこれから説明するのは」と次の情報を受け取りやすい形で日本語に変換する。1－2で説明した「日→英」である。

ここで重要なのは、2－1で見た「多機能」なVである。explain＋Oで「Oを説明する」という意味。Oは大きく分類すると「ヒト」と「モノ・コト」があるが、explainは「～を説明する」という意味なので、ヒトをOに取らない。

だから、「～に」という説明する相手を入れたいときには前置詞toを付けてto youを挿入することになるのだ。つまりto youはあくまでも挿入なので本来I will explainの次にくる情報はhow to以下であり、それこそがOであることを予測する。日本語を英語に合わせる際は、このように、次に出てくる情報を受け入れやすい態勢にしておくことが重要である。

また、Vの意味を辞書で調べるときも、たとえば、explainなら「～を説明する」という部分だけでなく、explain＋O(コト) と後続のOがどのようなものになるのかということまでをきちんと調べてメモしておこう。

英文を「S＋V」と「V＋X」と捉えることで、大幅な返り読みを防ぐことができ(「日→英」の精神!)、なおかつ、Vの持つ豊富な情報（「働き者」のV!）によって次に出てくる情報を予測しながら読むことができるようになる。この「次の情報を予測する」

ということは、リスニングや超長文の速読においては非常に重要なスキルなので、きちんと心がけよう。それでは、次の難問である「名詞＋修飾」の処理の仕方を説明しよう。

ポイント（3）／「名詞＋修飾」をどう処理するか

次に日本語と英語の語順が大きく異なり、大幅な返り読みが発生してしまうのは、英語の「名詞＋修飾」の部分だ。日本語では、真逆の語順「修飾＋名詞」の語順になる部分である。この差を克服するために従来は、英語の修飾部分をさまざまなカッコで括ることで、名詞と修飾を分別し、解釈をしてきた。代表的なものは、関係詞節やthat節である。

この方法は、

①カッコを用いて英文の構造を把握する
②英文の意味を解釈する

という2つのステップを踏む必要があるため、速読やリスニングをするときは不利である。

次の例を見てほしい。

例）He met an old friend yesterday who runs a small shop in the town which deals in antiques.

君たちならこの例文をどう処理するだろうか？　従来の方法だと、次のようにカッコを用いて、「名詞＋修飾」部分を明確にし、英文を日本語の語順に直して解釈する人が多いと思う。

例）
He met an old friend ① yesterday【who ① runs a small shop in the town ②（which ② deals in antiques）】.

この読み方の手順は次のようになる。

---

(1) 英文をピリオドまで構造把握のために読む。
(2) 関係代名詞who以下が、an old friendの修飾部分なので、カッコに括る（①）。
(3) 関係代名詞節の中で、which以下がa small shopの修飾部分なので、別の種類のカッコで括る（②）。
(4) ①と②の「名詞+修飾」に注意して英文を日本語の語順に直していく。
「彼は昨日、アンティークを扱う小さなお店を経営している旧友に会った」
＊旧友は、今もお店を経営しているので、現在形であることに注意。

この方法は効果的だが、文単位で「英文を日本語の語順に直していく」ために大幅な返り読みを招き、時間がかかる。また、1文の処理に長い時間をかけてしまうことは、長文全体の流れを理解することを阻害する。これらを避けるため、渡辺メソッドではどう処理していくのかを説明しよう。ポイントは日本語で理解しやすいように英文をカタマリに分けてつなげていくことにある。

▶ 3－1　注意すべき「名詞＋修飾」のパターン

まずは、大幅な返り読みが発生しやすい「名詞＋修飾」の代表的な5つのパターンを見ていこう。

---

(1) 名詞+形容詞
(2) 名詞+形容詞用法のto不定詞
(3) 名詞+形容詞用法の分詞
(4) 名詞+関係詞節
(5) 名詞+同格のthat節

それでは例とともに順に見ていこう。どのパターンも共通することは、名詞が「結節点」（＝2つのカタマリを結びつける要素）として機能していることだ。

▶ 3－1－1　名詞＋形容詞

まずはオーソドックスな名詞＋形容詞のパターンである。例文を見てみよう。

例）This is a book empty of real information.

この文は

（A）This is a book.
「これは本だ」

という文の基本構造と、

（B）a book | empty of real information
「中身のない」

という「名詞＋修飾部分」に分けて考えればよい。つまり、a bookがそれまでの文の基本構造と名詞の修飾部分を結びつけている結節点なのだ。

不定詞や分詞の形容詞用法の場合も（1）のケースと同様に認識する。では見ていこう。

3－1－2　名詞＋形容詞用法のto不定詞

形容詞用法のto不定詞の場合も基本的に「名詞＋形容詞」の場合と同じ処理方法だ。

例）I will have to find someone | to lend me some money.　（立教大　全学）
「探さなければならない人は」｜「お金を少し貸してくれる人だ」

3－1－3　名詞＋形容詞用法の分詞

形容詞用法の分詞には、現在分詞（～ing）と過去分詞（p.p.）がある。注意すべきは、規則変化の過去分詞が名詞の後に続くパターンだが、これは実戦編で詳しく解説する。

まずは現在分詞の例から。

例）Today ／ the site is regarded by UNESCO ／ as the most significant human settlement | documenting early settled agricultural life. （同志社　全学）

（処理法）

Today ／ the site is regarded by UNESCO ／

「現在／この場所はユネスコ（国連教育科学文化機関）に評価されている／」

as the most significant human settlement | documenting early settled agricultural life

「最も重要な人類の開拓地として」|「（そこは）初期の定住農耕生活を記録している人類の開拓地だ」

次に、過去分詞の例である。

例）This would be superfluous in a city | known as the bicycle capital of the world. （立命館　全学）

＊superfluous：余分な、 capital：中心地

（処理法）

This would be superfluous in a city | known as the bicycle capital of the world.

「これは都市においては不要だろう」|「（そこは）世界の自転車の中心地として知られる都市だ」

次に節（＝S＋Vの構造）が修飾部を構成しているケースを見てみよう。

▶ 3－1－4　名詞＋関係詞節

関係詞節に関しては、例文で説明しよう。基本的な考え方は先行詞（＝関係詞節で修飾される名詞）を関係詞に代入するというのが、その処理方法である。

例）He met an old friend yesterday | who runs a small shop in the town | which deals in antiques.

「彼は昨日旧友に会って」|「その人は街で小さなお店をやっている」|

「アンティークを売るお店を」

通常の読解法とは逆の、英語の語順通りの目線の動きになる。なお、英文読解の場合、関係詞の制限・非制限用法には気をつける必要がある。リスニングの場合、制限・非制限用法は、文脈と関係詞節の前に「溜め」があるかどうかで判断する。「溜め」があるのが非制限用法だ。

3－1－5　名詞＋同格のthat節

関係代名詞thatの後続の文は、要素が不足している、いわゆる「欠落文」になっている。それに対し、同格の接続詞thatの後続の文は、「不足」のない「完全文」になっている。

例）We started with the fairly naive assumption | that we wouldn't see very big declines in wilderness areas.　（法政　グローバル）

（処理法）

We started with the fairly naive assumption

「私たちは極めて単純な想定から始めた」

| that we wouldn't see very big declines in wilderness areas.

「人の住まない地域は、それほど大きな衰退は見られないだろうというもの（想定）だ」

なお、渡辺メソッドには、「同時に２組以上のS＋Vの組を処理しない」という原則がある。上記の名詞＋同格のthat節の処理は、この原則にも当てはまる。次にこの原則を見ていこう。

ポイント(4) ／ S＋Vは一度に1組ずつ処理!

S＋Vは意味の最小単位を構成しており、渡辺メソッドでは、「一度に処理するS＋Vの組は1組のみ」を原則とする。そうすることで、リーディングと同じ方法でリスニングもできるようになる。次の例を見てほしい。

例）I know that she loves him.

通常の読解法では、

①文の構造を把握し、まとまりをカッコで括る（例文ではthat節）。

I know (that she loves him).
S V O→S′ V′ O′

「私は、彼女が彼を好きなことを知っている」

②英語を日本語に引き寄せて意味を取る。

例文は比較的短いのでそんなに混乱しないが、実戦編で扱う入試問題の場合、この方法では瞬時に意味を把握することが困難だ。その原因は、I knowとshe lovesという2組のS＋Vをいっぺんに処理していることから生じる。

2－1で説明した通り、Vは多機能で情報豊富なため、人間の脳が一度に複数のVを処理すると、スピードを出して情報処理しているときに、どうしても処理が雑になってしまう。Vが内包する豊富な情報を脳が受け止めきれず、オーバーフローを起こしてしまうためである。

そのため、渡辺メソッドでは、①thatの後にsheとあるのでS＋Vが来ることを予測し、そこまでを英語に合わせ（1－2）、日本語にして解釈し、

① I know | that …

「私が知っていることは」

次に、

② … that she loves him.

「彼女が好きなのは彼（ということだ）」

と後続のＳ＋Ｖに意識をフォーカスし、解釈する。この方法だと、①と②に分けて、それぞれ1組ずつＳ＋Ｖの組を処理するため、従来の方法に比べ脳にかかる負担も少なく、英文を速く処理することができる。that節や疑問詞節などの名詞節が出てきたら注意しよう。

それでは次に、これまで説明した方法をまとめておこう。

ポイント(5) ／ 読解3原則と3つの記号

ここまで説明してきたことを3つの原則としてまとめると次のようになる。

▶ 読解3原則

(1) S＋VとV＋Xというカタマリで英文を捉える→Vは多機能な結節点

(2)「名詞＋修飾」は名詞を結節点として捉える

(3) S＋Vは、一度に1組ずつ処理

そして、この3原則を意識するために3つの記号を用いる。まず、①「／」（スラッシュ）は「意味のカタマリ」ごとに用いる。英文速読法などでよく出てくる記号なので馴染みのある読者も多いだろう。基本的には、英文を音読して息継ぎを必要とするところに打てばよい。

次に、②「｜」（バー）である。これは上記読解3原則に関わる部分に用いる。これまで見てきたように、結節点であるＶや、日本語にしたときに大幅な返り読みを招く「名詞＋修飾」部分、そしてＳ＋Ｖが複数登場してしまうような場合である。

最後に、③「／／」（ダブルスラッシュ）である。これは、英文の基本単位であるＳ＋ＶのＳとＶが離れてしまうような場合に用いる。具体的には、Ｓに長い修飾が付いたり、ＳとＶの間に挿入句などが入ったりする場合である。例文を見てほしい。

例）Virtually all human achievements — from developing written language to making a chicken sandwich — require the work of groups of people.

（学習院　法）

この英文は、Virtually all human achievementsがSで、requireがVであるが、間に長い挿入句があるため、英文の構造が掴みにくくなっている。このような場合にダブルスラッシュを用いる。

Virtually all human achievements — from developing written language to making a chicken sandwich — // require the work of groups of people.
V

となり、SとVの関係をはっきりさせることができる。3つの記号を以下にまとめておく。

▶ 3つの記号

(1) ／ スラッシュ：意味のカタマリごと（音読した際の息継ぎが目安）
(2) ｜ バー：読解3原則に関わる部分
(3) ／／ ダブルスラッシュ：SとVが離れているときにVをはっきりさせる

英文を理解しやすいようにカタマリに分け、語順に合わせて解釈していく方法、つまり、ミクロの視点はこれで大丈夫。第3講では、長文の場合に注意しなければならないマクロの視点に関して説明していこう。

第3講 / 英文読解マクロの視点

第3講 英文読解マクロの視点

第3講では、英文をより深く「読み解く」ための「マクロの視点」に関して解説する。第2講で英文1つ1つをどう処理すればいいかということを学習した。「マクロの視点」とは英文全体をどう読んでいけばいいのかという戦略のことである。第3講では、英語の文章を読み解く際に役立つ戦略を解説し、英文全体の内容をどう把握するかを解説する。

皆さんも、英文に含まれる語句の意味を調べ、英文の構造を把握したものの、意味がぼんやりとしかわからない…という経験をしたことがあるだろう。しかし、それでは英文の「読解」は覚束ない。1つ1つの英文がどのようにつながって、文章全体として筆者が何を言おうとしているのかということを掴むまでが「読解」である。

重要な情報をさまざまに「言い換え」て繰り返す。重要な情報を真逆の概念で「対比」することにより際立たせる。あるいは、抽象的な内容を、具体例を示すことで説明する。このような筆者のさまざまな「工夫」を理解することで文章全体の把握につなげようとする見方が、マクロの視点である。

重要なマクロの視点は次の3つである。

ポイント(1) / 言い換え(paraphrasing:パラフレージング)に注意する

▶ 同一内容の言い換え(paraphrasing)に注目する。英語は同じ表現を繰り返して使わないようにするというルールがあるので、字面は異なっていても内容が同一という部分が存在する。それを見抜く。

ポイント(2)／対比に注意する

▶ 筆者の主張Aと正反対のものBを提示することで、筆者の主張Aを際立たせる手法。対比関係を正確に把握することで、英文の内容を深く理解することができる。

ポイント(3)／比喩表現、特に隠喩(metaphor:メタファー)に注意する

▶ 国語で学んだことがあると思うが、比喩には「何を何にたとえているか」が**明示されている直喩**（simile）と「何を何にたとえているか」を**明示していない隠喩**（metaphor）がある。例を見てみよう。

（例）

・君は薔薇のようだ

→「～のようだ」という語が「君」を「薔薇」にたとえていることを明示しているので「直喩」。英語の場合、like ～, (such) as ～, as if ～などが直喩の目印となる。

・男は狼だ

→「～のようだ」など比喩を明示する語はないが、男は狼ではないので比喩関係「男は狼（のよう）だ」であることがわかる。これが「隠喩」。**英語の長文総合問題において、内容一致問題では隠喩の部分が狙われることが多い。**

マクロの視点を意識して英文を読み進めていけば、文章の内容を理解することがグッと楽になるはずである。本講では、短めの入試英文を用いて、具体的にマクロの視点と読解戦略を解説していく。まずは次の英文を読んでみてほしい。

問題　次の英文の下線部を日本語に訳しなさい。

One of the questions a writer is bound to ask him- or herself is whether art can change the world. Can it unite people across languages, politics and religious beliefs? Change the way people view the world and their "opponents"? My answer, my method as an author, is simple and twofold. On one hand, it is to give a voice to those who have no voice — those who cannot shout out loud enough to attract the attention of the world — and, on the other hand, to look on ourselves as if we are the others. And the others are us. That, of course, does not preclude the fact that human nature has many faces and that paradoxes form the core of what makes us human.

（京都府立大）

解説

① One of the questions | a writer is bound to ask him- or herself // is | whether art can change the world.

①作家が必ず自問することになる問題の１つは、芸術が世界を変えられるかどうかということである。

One of the questions「その問題のうちの１つは」。ここでは初登場の複数形の名詞questionsに定冠詞theが付いている。だから、この後、the questionsに関する追加説明が続くのではないかと予測する。【→第4講POINT 2】

a writer is bound to ask him- or herself▲「作家が必ず自問することになる」。これがthe questionsの説明部分。be bound to不定詞は「必ず～する」という意味。ちなみにboundは動詞bind「～を拘束する」の過去分詞。him- or herselfはa writerを受ける再帰代名詞。ask＋O＋Oだが、him- or herselfの後に目的語が不足しているので（▲で示す）、ここは目的格の関係代名詞節ということになる。次に、isがあるので、その前までがSと認識する。

whether S＋Vは本文の補語Cとなっている。whether art can change the worldは「芸術は世界を変えうるかどうか」という意味。art「芸術」とあるが、a writer「作家」

が創作する芸術なので、ここでは「art＝文学」と捉えてよい。しかし、「芸術は世界を変えうるかどうか」は大きく、抽象的な問題だ。「抽象的な文は必ず後の文で詳しく説明されたり、解説されたりする」ということがポイント。だから、この部分は重要である。

後の文とのつながりをきちんと押さえていこう！

抽象的な表現や文は、必ず後の文で説明される。

② Can it unite people across languages, politics and religious beliefs?

②芸術は言語や政治や宗教的信念を越えて人々を結びつけることができるのだろうか？

②の文は、①の whether art can change the world を詳しく説明し直したものだということがわかればよい。手がかりとしては助動詞 can が共通していることと、②の it が art を指していることだ。

この文で詳しく説明されている部分は①の change the world「世界を変える」の部分である。②では unite people across languages, politics and religious beliefs となっている。unite people「人々を結びつける」／across languages, politics and religious beliefs「言語や政治や宗教的信念を越えて」。

ここで重要なことは、languages と religious beliefs が複数形になっていることだ。politics は単数形と複数形を兼ねているが、and で接続されている languages と religious beliefs が複数形なので、ここでは複数形だと捉えるべきだ。politics には複数扱いの場合、「政治的見解」という意味がある。たとえば、日本の中でも複数の政党があって、政治に対する評価は日本国民1人1人異なる。当然、世界には、さまざまな言語や政治信念や宗教信仰を持つ人たちがいる。そのような多様な人々を文学が結びつけることができるのか？　ということである。

ここでもう1つ注意してほしいことは、「自問自答の原則」だ。論説文の中で出てくる疑問文は、筆者の疑問ではなく、これから文章の中で解き明かしていくテーマの表明、つまり問題提起だ。そして、その問いに対する解答を筆者はすでに持っていて、文章の中で表明されるということだ。テーマに対する答えなので、当然筆者の主張ということになる。だから重要な部分だ。これを私は「自問自答の原則」と呼んでいる。疑問文で疑問を表明しておいて、そのまま放置という事態は入試で出題される英文ではほとんどないと考えてよい。

POINT 2

自問自答の原則

論説文中の疑問文は、筆者の疑問を表明したものではなく、問題提起で、本文で考察するテーマを表す。その答えは必ず本文中で示される。またこの答えは筆者の主張になっているので、重要なものである。

筆者は、「言語や政治、宗教的信念などで分断されている世界の人々を文学で結びつけることができるのか?」という問題提起をしたわけだ。これがこの文章のテーマになる。

③ (Can it) Change the way | people view the world and their “opponents”?

③人々の世界と「敵」への見方を変えることができるのだろうか?

まず、本文は省略に注意。反復や文脈によって、何が省略されているのか明らかな場合は省略が起こるというのは英語に限らずどの言語でも起こる現象である。Change the wayと始まっているが、?があるので疑問文。前文②のCan itが繰り返しのため省略されていると考える。

省略に注意

同じものが繰り返されたり、文脈上明らかであると筆者が考えたりした場合、英文の一部が省略されることがある。必ずその省略は補って読んでいくこと。多くの場合、省略されている語句は前文に示されている。

the way | people view the world「人々が世界をどう見るか」という意味。つまり、世界の見方、言い換えれば世界観ということ。次のand their “opponents”のtheirは直前のpeopleを指す。opponentは「敵」という意味だが、ここでは引用符(“　”)が付いていることに注目。引用符が付いているときは、筆者が本当にその語の意味通り考えているわけではないということを表す。

②の文で、across languages, politics and religious beliefsというフレーズがあった。つまり、現在の世界には「言語や政治信念、宗教的信念」が異なる人々が存在している。だから、their "opponents"とは、「自分の考えとは相容れない人々」くらいの意味だとわかる。それを筆者は「敵」と呼んでいるわけだ。

つまり、筆者は

change the world = change the way people view the world and their "opponents"

と考えていることがわかる。「文学によって、人々が世の中と自分と相容れない人たちへの見方を変えられるか」ということだ。つまり、これが本文の真のテーマ。

④ My answer, my method as an author, ／ is simple and twofold.
④私の答え、つまり、作家としての方法論は、単純で二重になっている。

④の文でまず注意すべきは、my answerとmy method as an authorの同格関係。ここから筆者自身も作家だということがわかる。またmy answerとあるので、この文から自問自答の「自答」が始まると考えられる（POINT 2）。テーマに対する筆者の主張（=重要な部分）がこれから明かされるということだ。simple「単純な」はいいが、注意すべきはtwofold「二重の」である。何がどう二重になっているのかを注意して読み進めていこう。

⑤ On one hand, ／ it is to give a voice to those | who have no voice — those | who cannot shout out loud enough to attract the attention of the world — and, ／ on the other hand, ／ to look on ourselves | as if we are the others.

この文は下線部訳を求められている。まず、On one hand, ..., and, on the other hand, ～の構造に注意したい。これが④の文で書かれているtwofold「二重」に対応していることに気づこう。

On one hand「一方で」、it is to give a voiceのitはmy answer(=my method as an author）を指している。a voice「発言権」という意味。だから、「私の答えは発言権を与えること」となる。to those | who have no voice「発言権のない人々に」というこ

となのだが、ここでの「発言権」の内容がよくわからない。後に説明があるのではないかと予想しながら読み進める。

すると次に、those | who cannot shout out loud enough to attract the attention of the worldと詳しい説明が続く。those | who cannot shout out loud「大声で叫ぶことができない人々」という意味。no voiceとcannot shout out loudの類似性に気づくことができればよい。enough to attract the attention of the worldはloudを詳しく説明している部分。the attention of the world「世間の注目」という意味なので、ここは「世間の注目を集めるくらい十分に」という意味。つまり、「発言権がない」とは、たとえ発信しても「世間が注目してくれない」、「発言に対して社会が真摯に耳を傾けてくれない」という意味だとわかる。

and, on the other hand,「そして、その一方で」とあるのでtwofoldのもう1つの部分だ。to look on ourselves「自らを見なす」の部分は先ほどのto giveと並列関係になっている。look on［upon］A as B「AをBと見なす」で、ここのas Bの部分がas if we are the others「まるで自分たちが他者であるかのように」と重なっている。

ここのthe othersは「自分でない他者」ということだが、この英文ではthose who have no voice「発言権のない人々」ということだとわかる。そして、③のthe "opponents"のことでもあるのだ。

⑤ On one hand, / it is to give a voice to those | who have no voice — those | who cannot shout out loud enough to attract the attention of the world — and, / on the other hand, / to look on ourselves | as if we are the others.

⑤私の答えは一方で、発言権なき人々、すなわち、世間の注目を集めるほど声高に主張ができない人々に発言権を与え、他方で、私たち自身が他者であるかのように考えることである。

となる。

訳はこれで良いが⑤の文はどういう意味なのだろうか？　社会での発言権がない人々に発言権を与えるということは、社会で注目されていない人々のことを小説で描くということである。そして、その小説を私たちが読むことで、社会の中で注目されていない人たちの気持ちに共感したり、追体験したりするように小説で仕向けるということだ。難関大の場合は、文章の意味を説明させるところも多いので、注意しよう。

⑥ And the others are us.

⑥そして他者とは私たちのことだ。

⑥の文は一見簡単だが、【POINT 3】で述べたとおり、省略に気づけるかどうかが大切だ。⑤の文でthe others are usの部分に類似している部分は前文のas if we are the othersの部分だ。つまり、「私たち／他者」の二項対立的関係において、私たちが社会での発言権がない他者に感情移入し同化していくことで、それ以外の人々が「私たち」と同じ立場に見えるという、「立場の逆転」が生じるということだ。

⑦ That, of course, does not preclude the fact | that human nature has many faces ①

and | that paradoxes form the core of what makes us human. ②

⑦もちろんそれは、人間の本質にはさまざまな表情があり、さまざまな矛盾こそが私たちを人間たらしめている中核を形作っているという事実を妨げるものではない。

That, of course, does not preclude the fact「それは、もちろん、次の事実を妨げるものではない」。that human nature has many faces「人間の本質にはさまざまな表情がある」。ここはhuman nature has many facesがS＋V＋Oの完全文なので先頭についているthatはthe factと同格の接続詞だとわかる。andの後のthat paradoxes form the core of what makes us humanでは、paradoxes form「さまざまな矛盾が形作っている」はparadoxesがSでformがV。the core of what makes us humanは「私たちを人間たらしめているものの核」という意味。

全訳

作家が必ず自問することになる問題の１つは、芸術が世界を変えられるかどうかということである。芸術は言語や政治や宗教的信念を越えて人々を結びつけることができるのだろうか？　人々の世界と「敵」への見方を変えることができるのだろうか？　私の答え、つまり、作家としての方法論は、単純で二重になっている。私の答えは一方で、発言権なき人々、すなわち、世間の注目を集めるほど声高に主張ができない人々に発言権を与え、他方で、私たち自身が他者であるかのように考えることである。そして私たち自身が他者であるかのように考えることである。もちろんそれは、人間の本質にはさまざまな表情があり、さまざまな矛盾こそが私たちを人間たらしめている中核を形作っているという事実を妨げるものではない。

英文を英語から日本語に訳すだけでは、完全に理解することができない。「英文と英文のつながり」をきちんと意識していくマクロの視点を持つことが大事だ。

実戦編

第4講　科学と宗教

第5講　人間とAI

第6講　AIの進化と倫理

第7講　国際関係と環境倫理

第8講　小説の読解

いよいよ本編に入っていきます。英文読解を始める前に、まずは各テーマごとの「教養ポイント」を頭に入れていきましょう。前提となる知識＝教養があることで、英文が読みやすくなるはずです。

第4講 科学と宗教

知ると差がつく教養ポイント

宗教と科学は正反対のものだと考えている読者も多いだろう。大学の学部でも宗教学科は文系、それに対して、物理や化学、生物などの科学に関する学問は理系である。宗教は主観的に信じること、それに対して、科学は論理や計算といった客観性が大事になる。

けれども、近代科学はキリスト教という宗教から発生したものである。キリスト教という土台が存在したからこそ、近代科学はヨーロッパに誕生したのである。やがて科学は発展し、科学の発展が啓蒙思想を生み出す。そして、次第に近代科学はキリスト教という宗教から分離して、別物となっていく（＝聖俗革命）。

この過程に関しては大学入試での出題も多い。したがって、キリスト教と近代科学に関して基礎知識を押さえておくことが入試の英文読解を有利にする。また、欧米人の多くが信仰しているキリスト教に関して基本的な知識をもっていることは、英文を読解していく上で欠かせない。それでは5つの教養ポイントを確認していこう。

教養ポイント（1）／キリスト教

▶ キリスト教では、人間は原罪（sin）を負っている。これは、人類の先祖であるアダムとイブが神の教えに背いて知恵の実（＝リンゴ）を食べてしまったことによる。先祖の罪は子孫の罪なのである。アダムとイブは神のいる楽園を追放され（＝失楽園）、地上へと追いやられた。

▶ ちなみに、男性の「のどぼとけ」を英語ではAdam's appleという。アダムが神の言いつけを破って、食べてしまった知恵の実が男性の「のどぼとけ」というわけである。

▶ アダムとイブのせいで、人類は罪深き存在になってしまった。救われる方法は存在するのか？　もちろん、存在する。それは、神の教えを守って「善く生きる」ことである。神の教えに従うことを人間が約束すれば、死後、神のいる天国に戻れる。つまり、人間は神と約束をし、この約束をきちんと果たせば、天国に戻れるのである。聖書には、旧約聖書と新約聖書があることはご存知だろう。この「約」は契約という意味であり、testamentという語になっている。この契約を守れないとどうなるか？　もちろん、地獄に堕ちるのだ。

第4講／科学と宗教

教養ポイント(2) ／ 2つの聖書

- **神の教えを守って「善く生きる」**ためにはどうすればいいのか？　まず、神が何を考えているのか、神の意思を知ることが大切だ。それでは、神の教えの手がかりというものはどこにあるのだろうか？
- もちろん聖書（the Bible＝the Book）である。聖書には神の教えが寓話として書かれている。これを研究することが神の意思を知るには欠かせない。しかし、神の意思が示されているのは聖書だけではない。
- キリスト教では、「神＝万物の創造主（＝the Creator）」である。聖書が重要なことは言うまでもないが、神が創造した自然にも神の意思が反映されているに違いない。キリスト教信者たちはそう考えた。
- **聖書と自然**。この2つは神の意思を知る上で非常に重要である。これらは「**2つの聖書**」と呼ばれた。

教養ポイント(3) ／ 自然と一般法則

- 自然は神の創造物であるので、何かしらの「計画」に基づいて作られているはずだ。キリスト教信者はそう考えた。つまり、自然には法則が存在すると考えたのだ。この法則を明らかにすることが神の意思を知るためには必要である。
- 法則を表す英語は、law。この語は動詞lie(横たわる)に由来する。つまり、人間が作る規則(＝rule)ではなく、法則は最初から存在しているという思想である。この法則(一般法則と言う)を探し求めていくという確信が近代科学の成立にはなくてはならないのだ。
- 一般法則という概念は自然だけではなく、人間関係や社会を統制する法概念にも影響を及ぼしている。自然法や不文法(＝common law)という考えである。

教養ポイント(4) ／ 英語のbe動詞と一般法則

- 一般法則を追求することは、近代科学の成立に大きく貢献した。その根底には、理性的な創造主である神は一定の計画に基づき自然を創造したはずであるというキリスト教に基づいた宗教的信念があった。
- 一般法則を追求するという性質は、もともと英語にも存在した。それはbe動詞である。英語でbeingが「存在」を表すこともこの性質と関係している。
- たとえば「X is Y」という記述は、個別のXがどんな存在Yかということを示している。さらに言えば、He is a student.という英文は、個別の存在である「彼（＝X)」が、より大きな概念である「学生（＝Y)」であることを示している。つまり、「X is Y」は、Xという個別の存在をより一般的な性質Yで定義していく文なのである。日本語の「AはBだ」という文は、例えば、「僕はカレーだ」（ランチの注文時）などのように幅広く使用できる。それに比べ、英語は一般法則を志向する性質があるといえよう。

教養ポイント(5) ／ 科学革命と聖俗革命

- 科学が進展したことにより、社会が大きく変化することをイギリスの科学史家バターフィールドは「科学革命（＝the Scientific Revolution）」と呼んだ。これはその後の産業革命に連なる重要な大転換である。
- それまで、「神は自然の中に常に存在し、自然に働きかけている」という立場と、「神の計画は完璧なので、創造のときに神は自然に関与したが、その後神は自然に関わっていない」という立場が拮抗していたが、科学革命を境に後者の立場が支配的になった。
- 神が完全な計画で自然を設計したのであれば、自然は創造時の神の計画に従って動く「機械」と見なすことができる。ここから、地上で全権を与えられた人類が「機械」である自然をどのように利用しても構わないという思想が出来上がった。つまり、自然を征服し、人間のために役立てても構わないという考えである。
- この考えによって、そもそも宗教的な動機（＝聖）で始まった科学は、人間の利益のため（＝俗）に追求されることになった。これを科学の「聖俗革命」という。神が創造した「第二の書物」である自然は、こうして「人間が利用できる機械」に変貌した。そして、この思想が環境破壊につながっていくことは言うまでもない。

オススメ映画

・「セブン」
https://youtu.be/FRwBn7JrKc

このテーマで出題された!

大学	学部	年度	出題テーマ
早稲田大学	文学部〔1〕	2018年	真理をめぐる論争
名古屋市立大学（前期）	経済・人文・芸術工・看護学部〔3〕	2019年	西洋の学者が仏教を研究するときの注意点
センター試験〔6〕		2018年	科学技術の発達と物の見方の変化

実戦編

英語教育においては、近年、コミュニケーションの部分が注目されているが、大学入試の英語、特に長文読解では、大学で学問するために必要な、学術的な文章を読解する学力を試すという側面がある。特に難関大学ではその傾向が顕著だ。

読解には背景知識や教養が重要になる。学術的な文章を読みこなす際に大きな手助けになるからだ。単語や熟語などを押さえ、構文を取って英文を読んでも、ぼんやりとしか理解できなかったという経験はないだろうか？　それはひょっとすると、英語力の問題というよりも、背景知識や教養の不足が問題なのかもしれない。

でも、大丈夫！　知らないことは知ればいいだけ。この実戦編をきちんとこなし、解説を熟読していけば、ぼんやりとしかわからなかった英文の内容をきちんと読み取れるようになるはずだ。それでは、解説していこう。

問題 次の英文の下線部(1)、(2)、(3)を和訳せよ。

The Scientific Revolution is the term traditionally used to describe the great intellectual triumphs of sixteenth- and seventeenth-century European astronomy and physical science. By around 1700, educated men conceived of the universe as a mechanical structure like a clock, and the earth was regarded as a planet moving round the sun. The intellectual transformation associated with the Scientific Revolution led to a new confidence in the value of the investigation of nature and its control, a development which is fundamental to an understanding of the importance of science in modern society.

The seventeenth century was also characterized by a new optimism about the potential for human advancement through technological improvement and an understanding of the natural world. (1)<u>Hopes were expressed that the understanding and control of nature would improve techniques in industry and agriculture.</u> There was, however, a large gap between intention and achievement in the application of scientific knowledge. While claims for the practical usefulness of natural knowledge and its future significance for technological improvement were common, the cultivation of science had little effect on the relationship between man and his environment. Nevertheless, the cultural values associated with the pursuit of natural knowledge were a significant characteristic of seventeenth-century society. Science expressed the values of technological progress, intellectual understanding and the celebration of God's wisdom in creating the world. (2)The hostile and mysterious environment of the natural world would, people believed, yield its secrets to human investigation. The belief in the human capacity to dominate nature was justified by the argument that the study of God's book of nature went hand in hand with the study of the Bible, the book of God's word.

These important shifts in cultural outlook dramatically transformed the conception of the universe and of man's place in nature. (3)The belief that the universe is a machine and that it might contain other worlds like the earth threatened traditional assumptions about the uniqueness of man, leading to a denial of the doctrine that the universe had been created for the benefit of man.

(The Scientific Revolution, Routledge Library Editions: History & Philosophy of Science)

(東京大)

解説

第1段落

①The Scientific Revolution is the term | traditionally used / to describe the great intellectual triumphs | of sixteenth- and seventeenth-century European astronomy and physical science.

The Scientific Revolution(=S) is(=V) the term(=C) の文。The Scientific Revolution は Scientific の S と Revolution の R が大文字ということに注意。

固有名詞と普通名詞

単語の先頭が大文字の名詞→固有名詞

固有名詞でないものは、基本的に普通名詞

よって、The Scientific Revolution(科学革命) というのは固有名詞、つまり、歴史上の区分だ。

ここで差がつく！ 2つの「科学革命」

実は、「科学革命」は2つある。

1 ▸ the Scientific Revolution：固有名詞としての「科学革命」

16世紀中盤から17世紀末までの約150年間における、コペルニクスに始まり、ニュートンに終わる、西欧近代科学の歴史的な成立過程。「産業革命」という言葉に対して、バターフィールドが近代科学の成立の基礎となった17世紀の科学の大変化を「科学革命」と名付けた。

2 ▸ a scientific revolution：トーマス・クーンの「パラダイムシフト」

パラダイム（paradigm）とは、「理論的枠組み」のこと。クーンによると、科学は「通常科学」（ある理論枠組みの中で問題を解決していく科学の営み）と「パラダイムシフト」（理論枠組み自体が揺らぎ、変化すること）の2つから成る。彼は通常科学からパラダイムシフトが起こることを「科学革命」と呼んだ。

1は特定の時代区分を表す歴史的概念なので固有名詞、2はさまざまな科学で起こる一般的事象なので普通名詞。

次に、注目すべきは、補語Cのthe termだ。初登場の名詞なのに、不定冠詞aではなく、定冠詞theが付いていることに注意。このような場合、説明が後ろに続くことが多い。

定冠詞と追加情報

初登場の普通名詞にtheが付いているときは、その後ろにその名詞の説明や追加情報が続くことが多い。

the（初登場の普通名詞）＋（説明／追加情報）

例えば、日本語の会話でも、

（A子さんとB子さんがある男の子を見かけたときの会話）
～A子さんはB子さんに思わず話しかける～

A子さん：「ねえB子、見て！　見て！　**あの**人。　**花子さんの彼氏だよね**??」
theに対応　説明

したがって、the termの後には、termを**説明する英語が続く**と予測。

チェック！　termは入試頻出多義語

termには、①（専門）用語（**特定の**ことば）②期間（**特定の**時間）③条件（**特定の**条件）という3つの意味があり、いずれも入試英文頻出。ちなみに、termの原義は「限界」。「きちんと定まった」というニュアンスが①～③にあることに注意。

実際、the termの後ろには、

... the term traditionally used to describe...

が続く。traditionally used to describe...以下の部分がthe termの「説明」である。ここで注意すべきことは、usedの後ろに目的語（O）がないことだ。useは（～を使う）という意味なので、Oには実体のあるものが必ず来る。よって、「これからすること」や「未実現」を表す「不定詞」to describe...は、usedのOではないと判断する。

POINT 3 過去形と過去分詞の区別
目的語のない「～ed」は過去分詞

したがって、the term traditionally used は（伝統的に使用される専門用語）という意味。

POINT 4 形容詞の位置と意味
原則として、
・「形容詞＋名詞」の場合、形容詞は「ある程度の期間変わらない性質」を表す　形容詞＋名詞でひとまとまりと認識される
・「名詞＋形容詞」の場合、形容詞は「一時的性質」を表す
　→名詞＋（形容詞：追加説明）と認識される

例えば、a used car は（中古車）という意味なのに対し、a car used は（使用された車）を意味する。このように位置で意味が変わる形容詞は入試頻出。代表的なものをまとめておく。

チェック！　位置によって意味が変わる形容詞

1.present：my present salary「私の現在の給料」
　people present「現場にいた人々（出席者）」
2.concerned：concerned parents「不安な親たち」
　people concerned「関係者」
3.involved：an involved story「複雑な話」
　people involved「関係者（巻き込まれた人々）」
4.responsible：responsible people「責任感の強い人々」
　the person responsible「責任者」

POINT 5 不定詞と動名詞
不定詞：これから行われる未実現のことを表す。＊未来志向
動名詞：実体もしくは実感のあるものを表す。＊基本的に名詞扱い

動名詞、たとえば、a swimming pool（水泳プール）とか、shopping（買い物）とかrunning shoes（ランニングシューズ）というのは実体のある概念だ。

それに対し、I plan to study abroad.（私は留学を計画している）は、まだ計画の段階なのでまだ留学していない（＝未実現）ということになる。よってthe term used to describeのto describeは、usedの目的語にはなれない。

したがってthe term traditionally used to describe ... はthe term traditionally used（伝統的に使われる用語）to describe（叙述するために＊未実現）と解釈する。続くthe great intellectual triumphsも、定冠詞theが付いている。great intellectual「偉大で知的な」は形容詞なので、名詞triumphs「偉業」までが1つのカタマリ。このthe great intellectual triumphs「偉大で知的な偉業を」の追加説明が後に続く（→【POINT 2】）。of sixteenth- and seventeenth-centuryは、andがsixteenth-とseventeenth-を接続し、centuryにかかっていると考える。さらにsixteenth-とseventeenth-はcenturyと**ハイフン（–）で結ばれているので、これら全体がEuropean以下にかかる形容詞**。

（例文）He has a three-year-old son. 彼には3歳の息子が1人いる。
　　　　　　　　　形容詞

（例文）で、three-year-oldはハイフンでつながれているので形容詞。yearは単位として使われているので単数形。three-years-oldは誤り。英文の正誤問題でも頻出。

POINT 6

等位接続詞（特にandとor）の注意点

＊等位接続詞：対等な性質（＝位）のものどうしを結ぶ（だから「等位」！）
＊andやorなどの等位接続詞が出てきたら、
（1）接続詞の右を見る
（2）右にある要素と対等な要素を接続詞の左側にあるものから探す
（3）何と何を接続しているかをつきとめる
＊等位接続詞は「数学における＋記号」と考えてその前後をカッコでくくる

sixteenth- and seventeenth-centuryには、andがあるので、

(sixteenth- and seventeenth-) century：16・17世紀の

と捉える。これは、2つの形容詞sixteenth-century and seventeenth-centuryをまとめて表したもので、数学で、ax＋bxをカッコでまとめて(a＋b)xと表現するのと同じ。

sixteenth-century and seventeenth-century＝sixteenth- and seventeenth-century
a x ＋ b x ＝ (a ＋ b) x

等位接続詞が何と何を接続しているかを間違えてしまうのは、(a＋b)xをa＋bxとしてしまうミスと同じだ。等位接続詞andやorが何と何を接続しているかはきちんと確認しよう！

sixteenth- and seventeenth-centuryが形容詞で次のEuropeanも形容詞なので、sixteenth- and seventeenth-century European（16・17世紀のヨーロッパの）は形容詞のカタマリ。triumphs ofの前置詞ofに対応する名詞は、astronomy and physical science（天文学と物理科学）。astronomyとphysical scienceをandが結んでいる。

よって、the term traditionally used（伝統的に使用される用語）to describe（説明するために）the great intellectual triumphs（偉大で知的な偉業を）of sixteenth- and seventeenth-century European（16・17世紀ヨーロッパにおける）astronomy and physical science（天文学と物理科学の）となる。

①科学革命は、16・17世紀のヨーロッパの天文学と物理科学の偉大で知的な偉業を説明するために伝統的に使用される用語である。

② By around 1700, / educated men conceived of the universe / as a mechanical structure like a clock, / and the earth was regarded / as a planet | moving round the sun.

By around 1700,（1700年ごろまでに）が1つのカタマリ。①で歴史のことを述べていて、しかもsixteenth- and seventeenth-century（16・17世紀）とあるので、この1700は西暦であることがわかる。around（～ごろ）は、アラサー（around thirty：30歳ごろ）などの日本語でも聞いたことがあるだろう。

次に、educated men conceivedがS＋V。Sはeducated men(教養ある人々)、Vはconceivedだが、後ろにofが続いているので、conceive of A as B(AをBと考える)の形だと考える。

よって、educated men conceived of the universe ／ as a mechanical structure like a clockは、「教養ある人々は宇宙を時計のような機械仕掛けの構造物だと考えていた」となる。

and the earth was regarded ／ as a planet | moving round the sunのandは、右側にthe earth was regardedというS＋Vが続くので、文と文を結ぶand。この文は、regard A as B(AをBとみなす)の受動態。前文のconceive of A as B(AをBと考える)と対応している。

＊conceive of A as B(AをBと考える) ←（対応）→regard A as B(AをBとみなす)

a planet | moving round the sunは、「名詞＋説明」の形で、「太陽の周りを公転する惑星」という意味。

②1700年ごろまでには、教養ある人々は宇宙を時計のような機械仕掛けの構造物と考えていたし、地球は太陽の周りを公転する惑星の１つと見なされていた。

ここで、文①と文②のつながりをきちんと認識できるかどうかが、英文読解の重要なキーとなる。下の対応関係を見て欲しい。

① sixteenth- and seventeenth-century → ② By around 1700,

① astronomy → ② the universe, a planet, the sun.

① sixteenth- and seventeenth-century(16・17世紀の)と② By around 1700(1700年ごろまでに)はほぼ同じ時期を表していることに気づけただろうか？

また、① astronomy(天文学)は、② the universe(宇宙)を研究する学問。a planet(惑星)もthe sun(太陽)も天文学に関連する。

言い換えと対比

文と文とのつながり(＝言い換え／対比)を意識しながら読む！

③ The intellectual transformation | associated with the Scientific Revolution // led to a new confidence / in the value of the investigation of nature and its control, / a development | which is fundamental / to an understanding of the importance of science / in modern society.

The intellectual transformationが主語Sだが、associatedはVではなく、過去分詞。associatedの後ろに目的語Oがないからだ（→【POINT 3】)。

The intellectual transformation | associated ▲ with the Scientific Revolution
Oがない！

associated with以下は、SのThe intellectual transformationの説明である。また、transformationという初登場の普通名詞に定冠詞theが付いているので、追加説明が続くと予測（→【POINT 2】)。

The intellectual transformation(知的変化) | associated with the Scientific Revolution(科学革命に関連した) でここまでが主語S。よって、次にこのSに対応する述語動詞Vがくると予測。すると、led to a new confidenceのledがVの過去形なので、ここにダブルスラッシュ(//)。基礎編で説明した通り、ダブルスラッシュはSとVの間が離れているときに使う記号だ。

a new confidence(新しい自信) のあとにin the valueという追加説明が続く。この普通名詞valueにも定冠詞theが付いているので追加情報of the investigation of nature and its control(自然とその支配に関する探究) が続く。

等位接続詞andが接続しているのは、natureとits control。ここで重要なのは指示語its。このitsは直前のnatureを指している。指示語や代名詞が出てきたら、必ず何を指しているのかを考えて明らかにすること。

第4講／科学と宗教

代名詞と指示語

指示語や代名詞は何を指しているか明らかにする。

ここで、the investigation of nature and its control が science「科学」との言い換えであると気づければ素晴らしい。前述したが、英文読解では、「表面上異なる表現にはなっているが内容的に同じもの」にいかに気づくことができるかが重要だ。この言い換えられた表現をパラフレーズと言う。

パラフレーズ

パラフレーズ（paraphrase：表現は異なるが内容的に同じもの）を意識し、気づく！

＊英語は同じ語句の繰り返しを避ける傾向があるので、重要な概念などは複数の表現に言い換えられていく。この「言い換え」に敏感になることが大切！

, a development（発展） | which is fundamental（基礎の） / to an understanding of the importance of science（科学がいかに重要かを理解することにとって） / in modern society（現代社会における）。a new confidence ... its control（名詞のカタマリ）のあとに「,（カンマ）」が来て、別の名詞のカタマリが続く形。一般に、

名詞のカタマリA,（カンマ） 名詞のカタマリB

という場合、BはAの同格か、補足説明（＝付け足し）だ。同格とは、「1つの文の中で、語もしくはカタマリが、他の語もしくはカタマリと同じ機能を持つ関係である」という意味。

カンマ（,）と同格

名詞のカタマリA,（カンマ）名詞のカタマリ B

となっている場合、BはAと同格か、補足説明。同格関係を見抜くときは、冠詞（不定冠詞／定冠詞）に注目！

ここでは、カンマの後の名詞a developmentの不定冠詞'a'にも注目!

... led to a new confidence / in the value of the investigation of nature and its control, / a development | which is fundamental ...

a developmentの直前の名詞はits controlだが、今回はこれと同格なのではない。他に不定冠詞'a'ではじまっているのは、a new confidence。したがって、この2つが同格の関係にあると考える。

a development(発展)の直後のwhichは関係代名詞。ここからa developmentの「説明」が始まる。関係代名詞には、先行詞(=関係詞節で説明される名詞)であるa developmentを代入して読んでいけばいい。

a development | which(=a development) is fundamental(土台となる発展)、to an understanding of the importance of science(科学がいかに重要であるかを理解すること)、となる。この場合whichは限定用法なので、他にもdevelopmentが存在することは押さえておこう。

関係詞の限定用法と非限定用法

限定用法(関係詞の前にカンマなし):関係詞節までが優先される情報
非限定用法(関係詞の前にカンマあり):関係詞節は追加情報
例)(1) He has a son who is a doctor.
彼には医者の息子が1人いる(→息子が2人以上いる可能性あり)
(2) He has a son, who is a doctor.
彼には1人息子がいて、医者をしている(→息子は1人だけ)

the+形容詞派生名詞

the+(形容詞派生名詞)は「強調」と捉えるときれいに訳せる場合がある。

本文ではthe importance of scienceのthe importanceが、「the+形容詞importantの派生名詞」になっている。これは直訳すると「科学の重要性」であり、これでも問題ない。しかし、【POINT 12】を知っておくと、下線部和訳を求められている場合、「科学がいかに重要か」と和訳できるので他の受験生と差別化できる。

たとえば、

He is kind enough to help us.　彼は親切にも私たちの手伝いをしてくれる。
は、
He has the kindness to help us.　＊the＋形容詞派生名詞
と書き換えられる。the kindnessはthe＋「形容詞kindの派生名詞kindness」。これはkind(親切な)ということを強調している。

さて、a development | which is fundamental ／ to an understanding of the importance of science ／ in modern societyは、「近代社会において科学がいかに重要であるかを理解する上で欠かせない発展」ということになる。

③科学革命に関する知的な変化が導いたものは、自然とその支配に関する探求の価値に対する新たな自信、すなわち、近代社会において科学がいかに重要であるかを理解する上で欠かせない発展である。

マクロの視点▶第1段落の要点

科学革命（＝知的大転換）→科学に関する新たな自信

▶ 第２段落

① The seventeenth century was also characterized / by a new optimism | about the potential for human advancement / through technological improvement and an understanding of the natural world.

The seventeenth century(＝S) was also characterized(＝V)（17世紀はまた特徴づけられる）という受動態の文。ここで重要なのはalso(〜も)。第１段落のa new confidence(新たな自信）に加えてalso(〜も）と言っている。ここで大切なことは、第１段落のa new confidence(新たな自信）の部分と、この文のa new optimismの部分のa newの部分が同表現で繰り返されていることに気づくことだ。まとめると、

17世紀→a new confidenceとa new optimismが特徴

このa new optimismはabout the potential for human advancement(人類の進歩に関する潜在能力に関して）だとわかる。

チェック！「能力」を表す語

【一般的な能力】

① ability：顕在的能力（きちんとできること）

② potential / potentiality：潜在的能力（伸びしろ）

【特定の技能】

③ capability：顕在的能力

④ competence / competency：他人より上手にできる力

⑤ capacity：潜在的能力

【知的な能力や素養】

⑥ faculty：知的能力

【生まれつきの才能】

⑦ talent：先天的な能力

⑧ gift：神からの贈り物＝才能

＊③ capabilityに関して：capability approach
1998年にノーベル経済学賞を受賞したインド出身の経済学者アマルティア・セン（現ハーバード大学教授）は、幸福を生活の質と捉えた。そのためには、「人生においてさまざまな選択肢を持ち、それを自分の意思で実現できることが大事である」とした。これをcapability approachと言う。
＊慶応SFCで出題歴あり。

＊④ competence ／ competency「特定の技能に関して他人よりも上手にできる能力」のこと。関連する語としては、compete（動：競争する）、competition（名：競争）がある。「他人と競争しても勝てる能力」と覚えておけばよい。core competence（コアコンピテンス）は、「企業の活動分野において、競合他社を圧倒するレベルの核となる能力」という意味で、ビジネスや経営をテーマにした長文で頻出。

次のthrough technological improvement and an understanding of the natural world「技術の改良と自然界の理解を通じて」において、an understanding of the natural worldは何を表しているだろうか？

an understanding of the natural world＝science

である。つまり、byで始まる前置詞句は「技術や科学を通じて人類は進歩できるということについて今までにない楽観的な姿勢が出てきた」ということを言っているのだ。

①17世紀はまた、技術の改善と自然界の理解を通じて人類は進歩できるという潜在性に関するこれまでにない楽観的姿勢が特徴であった。

②（1）Hopes were expressed ／ that the understanding and control of nature would improve techniques in industry and agriculture.

Hopes（＝S） were expressed（＝V）（期待が表明された）という受動態の文。すると、that the understanding and control of nature would improve techniques in industry and agricultureは、どのようにつながっているのであろうか？

SのHopesの具体的内容が示されていないことから、この部分は、Hopesの説明なのではないかと考える。そしてここでも、数は対応してないが、

Hopes＝a new optimism

というパラフレーズになっている。将来の「期待」(hope)は、将来を楽観的(optimistic)に捉えていなければ生じない。hopesと複数形になっているので、さまざまな期待をしたのだろう。これらの期待をまとめて「新しい楽観」と言っているのだ。

that節は、the understanding and control of nature(＝S) ／／ would improve(＝V) techniques in industry and agriculture(＝O)(自然を理解し支配することで、農工業の技術が改善するだろう)で、S＋V＋Oの第3文型で完全文(不足要素がない)。よって、このthatはHopesと同格のthatになる。

② (1) 自然を理解し支配することで、農工業の技術が改善するだろうという期待が表明された。

③ There was, however, a larger gap ｜ between intention and achievement in the application of scientific knowledge.

There was, however, a larger gapはwasがV、a larger gapがSで、「しかしながら、より大きな格差が存在した」という意味。a larger gapとあるので「何と何の格差」だろう？　と考える。次にbetween intention and achievement in the application of scientific knowledge(意図と科学的知識の応用の達成の間に)という説明がくる。

ここで注意して欲しいのは、intention(意図)。intentionと近い意味の語はこの英文の中では

intention ≒ hopes

つまり、ここでのintentionとは、①の文のhopes(期待)、すなわち、「自然を理解し管理することで、農工業の技術が改善するだろうという期待」だ。そして、the application of scientific knowledge(科学的知識の応用)とは技術のことなので、

the application of scientific knowledge「科学知識の応用」
＝techniques in industry and agriculture「農工業における技術」となる。

③しかしながら、こうした意図と科学的知識の応用における実現の間には大きな隔たりがあった。

となる。「期待はかなり高かったのに、実際の技術水準は低いままであり、期待と現実の間には大きな隔たりがあった」ということだろう。17世紀なので、技術水準はまだまだ高くはなかった。

④ While claims | for the practical usefulness of natural knowledge and its future significance for technological improvement // were common, the cultivation of science // had little effect on the relationship | between man and his environment.

While claims for ... だが、whileは対比を表す接続詞、claimsは日本語だと「クレーム」とか「クレーマー」という語から「不満」や「不平」を連想するが、「主張」という意味。

次に、前置詞for「～に賛成する」に注目。claims for ～で（～に賛成の主張）ということ。

for ～＝in favor of ～「～に賛成する」／ against ～「～に反対する」

the practical usefulness of natural knowledgeはthe＋usefulnessに注意すれば「自然に関する知識がいかに実用的に役立つか」となる（→【POINT 12】）。これが等位接続詞andでits future significance for technological improvementと結ばれている。この後ろにbe動詞wereがくるのでここまでがS。its future significanceのitsはnatural knowledgeを指す。

したがって、While claims | for the practical usefulness of natural knowledge and its future significance for technological improvement // were commonは「自然に関する知識は実用性が高く、またその知識が将来の技術の発展にとってどれだけ重要であるかという主張が一般的であったのに対し」となる。

the cultivation of science // had little effect on the relationship | between man and his environmentは、the cultivation of scienceがSでcultivationは動詞cultivate＋O(Oを育成する／奨励する）の名詞形。cultivationが意味上のV、scienceが意味上のOで「科学を奨励すること」という意味になる。

had little effectは、a littleではなくlittleなので「ほとんど影響を与えなかった」ということ。on the relationshipは定冠詞theがあるので、relationshipの後に追加説明が続くと予測。the relationship between man and his environmentは、「人間とその環境の関係」ということだ。

④自然に関する知識は実用性が高く、またその知識が将来の技術の発展にとってどれだけ重要であるかということに賛同する主張が一般的であったのに対し、科学を奨励することは、人間とその環境の関係性に対してほとんど影響を及ぼさなかった。

まとめると、「科学は重要なもので、科学の力によって確実に暮らし向きは良くなる」という自信と楽観的な期待はあったものの、「当時の人間の生活に科学はそんなに貢献していなかった」ということだ。期待と現実の間に大きなギャップがあったということなので、④の文は③の文をサポートしている。

⑤ Nevertheless, / the cultural values | associated with the pursuit of natural knowledge // were a significant characteristic of seventeenth-century society.

⑤の文は、nevertheless(それにもかかわらず）という逆接の接続副詞で始まるため、③と④の文とは異なる内容が述べられると予測。the cultural values「文化的価値」が文頭の名詞のカタマリで定冠詞theがあるので、追加説明がこのあと続くと予測。

associated ▲ with the pursuit of natural knowledgeにおいてassociatedのOがない。よって、これは述語動詞Vではなく、過去分詞の形容詞用法（→【POINT 3】）。associated with ～(～に関連した）のあとのthe pursuit of natural knowledge(自然に関する知識の探求）までがSとなる。ちなみに、

the pursuit of natural knowledge = science

というパラフレーズも押さえておきたい。

⑤それにもかかわらず、自然に関する知識の探求に関連した文化的価値は、17世紀の社会の重要な特徴であった。

⑥ Science expressed the values of (technological progress, intellectual
①
understanding and the celebration of God's wisdom in creating the world.)
② ③

Science expressedがS＋V(科学が表していることは)、the values of 〜(〜の価値) がO。そして、technological progress(技術の進歩)、intellectual understanding(知的な理解) and the celebration of God's wisdom in creating the world(世界を創造する際の神の英智への賞賛) が等位接続詞andによって、A, B and Cの形で接続されている。

⑥科学が表しているのは、技術の進歩と知的理解、そして世界を創造した時の神の英智を賞賛することの価値だった。

⑥の文を和訳することはそれほど難しくないが、キリスト教と近代科学の関係に関する背景知識がないと文の理解は難しい。教養ポイントでも示したが少し補足しよう。

1 ▶ 楽園追放→失楽園

キリスト教では、神が万物の創造主である。the Creatorが英文に出てきたときは「神」という意味だ。

創造主である神は、土をこねて、その土に息を吹き込み、最初の男性アダムを創る。そしてアダムの肋骨を1本取り出して（イタタ・・・）、最初の女性イブ（エバ）を創った。アダムとイブが最初の人類であり、全人類の先祖ということになる。

アダムとイブは天国で暮らしているが、あるとき蛇にそそのかされ、食べることを禁じられていた知恵の実（＝リンゴ）を食べてしまう。神の命令に背いたアダムとイブは天国という楽園から追放され、地上にやってきた。天国という楽園を失ったので「失楽園」だ。

ちなみに、映画「セブン」は、連続猟奇殺人を新婚の新米白人刑事（ブラッド・ピット）とベテランの黒人刑事（モーガン・フリーマン）が捜査するというストーリー。この連続殺人犯の殺人のモチーフがジョン・ミルトンの『失楽園』という叙事詩における人類の「7つの大罪」であると黒人刑事が気づく。「7つの大罪」とは、① gluttony（暴食）、② greed（強欲）、③ sloth（怠惰）、④ lust（肉欲）、⑤ pride（高慢）、⑥ envy（嫉妬）、⑦ wrath（憤怒）のこと。

ミルトンは、清教徒革命で王から政権を奪取したクロムウェルの書記官だった。王様を処刑して政権に就いたものの、それまで政治を執り行ったことがない彼を支えるため、ミルトンは古今東西の政治体制を徹底的に調べる。あまりにも眼を酷使したため、ミルトンはなんと失明してしまう。そこまで尽くしたにも関わらず、クロムウェルはやがて独裁者として振る舞い始め、ミルトンは政権を去ることとなる。ミルトンは失意の中、この壮大な叙事詩を口述したと言われている。

2 ▶ 原罪と信仰

最初の人類であるアダムとイブが神の言葉に背いてしまったため、彼らは地上へと追放される。キリスト教ではアダムとイブが全ての人類の祖先。人類はこの祖先が犯した「原罪」を背負っているとされているのだ。

「親と子供は別人格だ！」とか、「生まれた時点で罪人というのは納得がいかん！」と考える人もいるだろう。しかし、キリスト教においては、全ての人間は罪深き存在なのだ。そして、「この原罪を贖（あがな）うべく、神の教えに従って人生を生きる」ことこそ信仰であり、「善く生きる」ということなのだ！

ちなみに、「罪」という英単語に関しては、次のように使い分ける。

sin：原罪、道徳的な罪　＊「人としてどうなのよ？」という行為のこと
crime：犯罪（法律違反）　＊罰則がある違法行為

3 ▶ 神の教えに従って「善く生きる」とは？

それでは、生まれた時点で「原罪」を背負っている人間は、どうすれば「善く生きる」ことができるだろうか？　それは神の御心を知り、神の教えに従って生きることだ。そうすれば、死後天国に戻れるというわけだ。神の御心を知るために、人間がしなければならないことは、神の言葉の集大成である「聖書」と、神が創造した「自然」を研究することだ。英語でthe Bookといえば聖書を意味する。

キリスト教では、自然も神の創造物なので、自然には、神の意思を表す何かしらの「法則」(laws) が存在すると考えられていた。そして、その法則を突き止めようとする行為が「科学」となっていった。つまり、近代科学の発祥はキリスト教にあるのだ！　西洋文明以外ではキリスト教の影響がなかったために、

自然は神の創造物→神は理性的→自然現象には法則が必ず存在する→それを突き止めることが神の御心を知ること→科学という営為

という流れにはならなかった。紙や火薬などを早期に発見し、技術面では西欧を圧倒していた中国文明に「近代科学」が誕生しなかったのはなぜなのか？　という問いは、英国の化学者でのちに科学史家に転じたニーダムが提起したため、特に「ニーダム問題」と呼ばれている。その１つの答えは、キリスト教と儒教の違いにあるとされる。

⑥のScience expressed the values of technological progress, intellectual understanding and the celebration of God's wisdom in creating the world

という色文字の部分もこのような流れを押さえればわかる。

ちなみに、このような経緯もあり、真理（＝神の御心）を探求する欧州の大学（university）は、教会の付属施設として発祥したので必ず神学部が存在する。たとえば、MITとして知られるマサチューセッツ工科大学は、Massachusetts Institute of Technologyでuniversity ではなく、institute（施設）である。これは、MITがキリスト教教会発祥でないことを示している。

とにかく、神の御心を知ることが人として善く生きるということなのだが、神の御心とはすなわち聖書と、自然の背後に隠された「法則」のことである。そして、後者の自然法則の発見という営為が近代科学へとつながるのだ。

ヨーロッパの大学制度が教会のもとで発展し、「聖書」を研究するために必要な3科（文法・修辞・論理）と「自然」を研究するために必要な4科（代数・幾何・天文学・音楽学）の7科目を自由7科（リベラル・アーツ）と呼んで必修にしていたのも、このような理由による。

⑦ (2) The hostile and mysterious environment of the natural world // would, / people believed, / yield its secrets to human investigation.

まず、The hostile and mysterious ... は定冠詞＋形容詞and形容詞なのでtheがつながる名詞が出てくるのを待つ。hostileはfriendlyの反意語、mysteriousは「謎めいた」という意味の形容詞。名詞environment（環境）までが1カタマリになる。

さらに、The hostile and mysterious environmentと定冠詞theがあるので、後ろに追加情報が続くことを予測（→【POINT 2】）。of the natural world（自然界）が追加情報。このtheは、「the＋単数名詞＝カテゴリー」を示す。つまり、「（いわゆる）自然界」という意味。

wouldという助動詞が出てくるので、ここからVが始まるとわかる。ただし次のpeople believedは挿入句で「人々は信じていた」という意味。助動詞wouldの後に続く原形動詞はyieldだ。yield A to Bは「（圧力を受けて）AをBに明け渡す」という意味。この文でA＝its secret「自然環境の秘密」でB＝human investigation「人類の探究（=科学）」ということ。

⑦（2）敵対的で神秘的な自然界という環境は、その秘密を人間の探求に明け渡すだろうと信じられていた。

チェック！ the＋単数名詞＝カテゴリー

「the＋単数名詞」は、カテゴリーを表すことがある。たとえば、the childといえば「カテゴリーとしての子供」を表す。これは、定冠詞theが発信者（書き手／話し手）と受信者（読み手／聞き手）との「共通了解」を表すことによる。「いわゆる子供」という意味。このような表現は学術論文などでよく見られる。英作文などで「子供」を英語にするときは、複数形のchildrenを使うことを推奨する。単数形のa childでもかまわないが、その場合はpolitical correctnessの観点から、代名詞はhe or sheなどの表現で置き換える必要が出てくるので、なるべく複数形を使おう。

チェック！ 範囲や領域が曖昧なもの→定冠詞the

「定冠詞the＋単数形」の話をしたので、ここで補足。範囲や領域が曖昧なものには定冠詞theを付ける。難関私大の文法・語法問題は名詞に絡んだ出題が多いが、名詞と関わりの深い冠詞も頻出。たとえば、

問：（　　）内の選択肢より適切なものを選べ。（慶応大　看護）

One day it snows, then it's clear but cold, and then it's cloudy and warm ;（A. a weather is, B. the weather is, C. the weathers are, D. weathers are）hard to predict.

天気には明確な区分はない。ここまでが「晴れ」でここからは「曇り」とか、そのような明確な基準がない。したがって、晴れとか曇りとかは「曖昧」な概念であるため、明確な区分や基準がある可算名詞としては扱えない。

よって、不定冠詞aやその複数形は全部不正解ということになり、答えはB. the weather isになる。問題文の訳は「雪が降り、その後晴れたけど寒く、それから曇っているけど暖かいなんて日がある。天気は予測が難しい」となる。

同様に、ocean（大洋）やriver（大きい川）なども、どこまでが太平洋でどこからが東シナ海かとか、どこまでが川でどこからが湾なのかとかという明確な区分がない。だから、英文に初登場の場合でもthe oceanとかthe riverとなる。

⑧ The belief in the human capacity | to dominate nature // was justified by the argument | that the study of God's book of nature // went hand in hand with the study of the Bible, / the book of God's word.

最初に、普通名詞beliefに定冠詞theが付いているので、The beliefがこの文の主語S。beliefのあとに追加情報が来ると予測できる。それと同じくらい大切なのは、in。beliefの動詞形はbelieveだが、believeには、

---

(1) believe＋O（他動詞）のパターン：本当だと思うこと（O＝事柄・人・言葉etc.）を信じる

＊自分なりに信じる根拠がある

(2) believe in＋〜（自動詞）のパターン：（神・宗教を信じるときに使われることが多い）〜の持つ価値や存在、正当性、〜がうまくいくことを信じる

＊根拠は特にないが、とにかく信じる

という2つの用法がある。

⑧の場合はThe belief inなので、(2)の名詞形。capacityは「特定のことができる能力でまだ顕在化していない（目に見えてない）もの」（→P.55「能力」を表す語）。the human capacityは定冠詞theが付いているので追加説明が続くと予測できる。その追加説明がto dominate nature（自然を支配すること）。ここまでがS。Vはこの後ろにくるwas justified（正当化された）で受動態。by the argumentが続くので追加情報を予測。後ろにthat ...とargumentの追加説明が続くので、「議論」や「口論」という意味ではなく「主張」という意味であることに注意。thatの後ろを見ていこう。

the study of God's book of nature // went hand in hand with the study of the Bible, / the book of God's word.

まず、the study of God's book of natureの部分がS。ここで注意しなければならないことは、God's book of natureだ。God's bookとnatureは同格のofで接続されていて、「自然という神の書物」という意味。キリスト教では、神が全てを創造したことになっているから自然も神が書いたものと考える。the study of God's book of natureはわかりにくい言い回しだが、結局は「自然の研究」、つまりscienceのことだ。

Vのwent hand in hand withは「密接に関連していた」という意味だ。

（例）Poverty and poor health often go hand in hand.
　　貧困と不健康は密接に関連している。

最後のthe study of the Bible, the book of God's wordは、the Bible, the book of God's wordが同格（→【POINT 10】）。「聖書、つまり神の御言葉の書」という意味。

the argument that the study of God's book of nature went hand in hand with the study of the Bible, the book of God's wordにおけるthatは後ろの文が完全文なので、同格を示す接続詞that。「自然という神の書物の研究と神の御言葉の書である聖書の研究は密接に関連しているという主張」という意味になる。

同格の接続詞that

「名詞＋that＋完全文」の場合、thatは同格の接続詞。

⑧人間は自然を支配できるという信念は、自然という神の書物の研究と神の御言葉の書である聖書の研究は密接に関連しているという主張によって正当化されていた。

 マクロの視点 ▶ 第2段落の要点

現実とのギャップはあったが、
「科学→自然の神秘を解き明かす→技術改良→良い暮らし」
という楽観があった。

▶ 第3段落

① These important shifts in cultural outlook // dramatically transformed the conception of the universe and of man's place in nature.

These important shifts in cultural outlook（文化的な展望におけるこれらの重要な変化）が主語。これは何を意味しているのだろうか？　第2段落の⑤にthe cultural values associated with the pursuit of natural knowledgeがある。shiftsとvaluesで数も複数形どうしで一致している。すなわち、このSはこれまで説明してきた「科学に関連する価値観」における変化を指す。dramaticallyの後のtransformedがVとなり、続くthe conception of ... が目的語O。

the conception of the universe and of man's place in natureは、andの右側にof man's place in natureがあるので、左側にあるof the universeと並列関係（→【POINT 6】）になっている。

①文化的な展望におけるこれらの重要な変化は、宇宙と自然における人間の立場に関する概念を抜本的に変えた。

チェック！　「考え」を表す語

① concept ／ conception：「概念」notionに比べ、きちんと確立した「考え」
　＊ conceptionはconceptが形成される過程を重視した「着想」という意味。頭の中で概念が生まれ発展していくイメージ。
　＊ conceptionはconceive「～を思いつく」という動詞からの派生語で、「妊娠／受胎」という意味もあるので注意。
　→ conceive：con-「中で」／-ceive「受け取る」
② thought：論理的・知的に考えたもの。特有の思想や思潮を表すこともある。
③ idea：「考え」を表す一般的な語。

④ notion：どちらかというと漠然としていて未完成の「考え」
＊正しくない可能性もある。
⑤ impression：外部刺激によって発生したidea。「印象」

② (3) The belief | that the universe is a machine and | that it might contain other worlds like the earth // threatened traditional assumptions | about the uniqueness of man, / leading to a denial of the doctrine | that the universe had been created for the benefit of man.

文頭のThe beliefは定冠詞theが付いているので、後ろに追加情報が続く。that the universe is a machine(宇宙は1つの機械である）はS＋V＋Cの完全文なので同格の接続詞that(→【POINT 13】)。andの後のthat it might contain other worlds like the earthもthatの後にS＋V＋Oの完全文が続くので同格で、前のbeliefを説明している。このSのitは、前の同格のthat節のSと同じthe universeを指している。よって、it might contain other worlds like the earth(宇宙には地球のような別世界が複数あるかもしれない）という意味。ここまでが②全体のSになる。

次のthreatened(＝V) traditional assumptions(＝O) で（伝統的な想定を脅かした）。traditional assumptions about the uniqueness of manは、「人間がいかに唯一無二であるかということに関する伝統的な想定」という意味（→【POINT 12】)。uniqueはプラスの意味で常識とは異なるということなので、ここでは「唯一無二」と訳した。

チェック！「変わっている」という形容詞

1.unique：プラスの意味で常識と違う
2.unusual：usualの否定で無難な言葉
3.strange / peculiar：マイナスの意味で「変わっている」
4.eccentric：人や行動に関して常識的でなく変
5.weird / bizarre：とても変（＝very strange）

続くleading to a denial of the doctrineは「カンマ (,) ＋～ing」の部分に注目。この場合、～ingは (1) 分詞構文か (2) 形容詞用法の現在分詞だが、この場合、次の判定法で判断する。

カンマ(,)+~ing
(1) ~ingの主語が本文のSと同じ→分詞構文
(2) ~ingの主語が直前の名詞→形容詞

本文では、leading toの主語が本文のSであるThe beliefであるのか、それとも、直前の名詞であるmanなのかを考える。次の2つの文を見てみよう。

(A) The belief leads to a denial of the doctrine. ○意味が通る
(その信念がその教義の否定につながる)

(B) Man leads to a denial of the doctrine. △少し意味が通らない
(人類はその教義の否定につながる)

(B) の文だと、人類という「存在」が否定という「行為」になっている。以上より、このleading toは分詞構文であると考える。

leading to a denial of the doctrine「その教義を否定することにつながった」で、定冠詞theがあるので、後ろに追加情報が続くと予測(→【POINT 2】)。that the universe had been created for the benefit of man「宇宙は人間の利益のために創造された」で完全文なので同格のthat節(→【POINT 13】)。had beenになっているのは、「科学革命」が起こった17世紀以前に宇宙は創造されているから。基礎編でも書いたように、日本語では時間や数は文脈で決まるので「時間と数」をあまり意識しないが、英語を読むときや書くときには常に「時間と数」に気をつけよう。

時間と数
英語を読んだり書いたりするときは、時間と数に注意!

以上より、leading to a denial of the doctrine that the universe had been created for the benefit of man(宇宙は人類のために創造されたという教義の否定につながった)となる。

② (3) 宇宙は1つの機械であり、その中には地球のような他の世界があるかもしれないと信じることで、人間がいかに唯一無二であるかという伝統的な想定が脅かされ、宇宙は人類のために創造されたという教義が否定されることとなった。

マクロの視点 ▶ 第3段落の要点

キリスト教信仰から登場した科学だが、科学が発展することで人間と宇宙の関係の理解が進み、キリスト教への信仰が揺らいだ。

マクロの視点 ▶ 段落間の流れ

第1段落

科学革命→科学技術に対するこれまでにない自信

第2段落

科学の発展とそれがもたらす技術革新→将来はよくなるという楽観と期待（神の意思の理解が深まっている）

第3段落

科学（キリスト教から発展）→キリスト教の教義とは異なる事実を明らかにする

解答

(1)(2)(3) 全訳下線部参照。

全訳

科学革命は、16・17世紀のヨーロッパの天文学と物理科学の知的な偉業を説明するために伝統的に使用されてきた専門用語である。1700年ごろまでには、教養ある人々は宇宙を時計のような機械仕掛けの構造物と考えていたし、地球は太陽の周りを公転する惑星の1つと考えていた。科学革命に関する知的な変化が導いたものは、自然とその支配に関する探求の価値に対する新たな自信、すなわち、近代社会において科学がいかに重要であるかを理解する上で欠かせない発展である。

17世紀はまた、技術の改善と自然界の理解を通じて人類は進歩できるという潜在性に関するこれまでにない楽観的態度が特徴であった。(1) 自然を理解し支配することで、農工業の技術が改善するだろうという期待が表明された。しかしながら、こうした意図と科学的知識を実際に応用することとの間には大きな隔たりがあった。自然に関する知識は実用性が高く、またその知識が将来の技術の発展にとってどれだけ重要であるかという主張が一般的であったのに対し、科学を奨励することは、実際の人間とその環境の関係性に対してほとんど影響を及ぼさなかった。それにもかかわらず、自然に関する知識の探求に関連した文化的価値は、17世紀の社会の重要な特徴であった。科学は、技術の進歩と知的理解、そして世界を創造した時の神の英智を賞賛することの価値を表したのだ。(2) 敵対的で神秘的な自然界という環境は、その秘密を人間の探求に明け渡すだろうと信じられていた。人間は自然を支配できるという信念は、自然という神の書物の研究と神の御言葉の書である聖書の研究は密接に関連しているという主張によって正当化されていたのだった。

文化的な展望におけるこれらの重要な変化は、宇宙と自然における人間の立場に関する概念を抜本的に変えた。(3) 宇宙は1つの機械であり、その中には地球のような他の世界があるかもしれないと信じることで、人間がいかに唯一無二であるかという伝統的な想定が脅かされ、宇宙は人類のために創造されたという教義が否定されることとなった。

第5講　人間とAI

知ると差がつく教養ポイント

「人間とは何か?」という問題は、入試英語頻出のテーマである。また、現代文や倫理でも学習したことがあるだろう。他の動物と人間の差異は何かということに関しては明確な答えは出ていない。

第7章で取り上げる環境倫理の立場からは、人間以外の動物に対しても人間と同じように生存権を付与すべきだという議論も出てきている。

言語などの記号操作能力や思考能力が発達していることが、人間を人間たらしめているのだという説もある。この場合、重要になってくるのは「意識」の問題である。人間が意識を持っていることは自らの経験で理解できるが、他者の意識に関して客観的にアクセスする方法は限られている。また、言語を話さない動物に意識があるかどうかということに関しては未だ不明なままである。

一方で、コンピューターが人間の思考力を一部凌駕(りょうが)しているという現象も起きている。チェスや囲碁の世界的なチャンピオンがAI(人工知能)に敗れたというニュースを聞いたことのある人も多いであろう。AIが今ある職業に取って替わるという話を聞いたことがある人も多いと思う。本講では、そんなAIと人間の関係をテーマとして扱う。今までも頻出のテーマであったが、AIが社会から注目されている現在、大学入試での長文読解のテーマとして繰り返し出題される分野であろう。

教養ポイント(1) ／ 人間と動物の違い

▶ 人間と他の動物の違いは何だろうか？　歴史では、二足直立歩行や道具の使用、言語を持ったことが人間と動物を大きく分け隔てたものとして挙げられてきた。皆さんもどこかで習ったり、聞いたりしたことがあるだろう。そして、入試英文でも頻出のテーマの1つである。しかし、人間と他の動物の違いで大切なことの1つは、**親指の発達**である。

▶ ご存知の通り、英語で「指」はfingersである。しかし、これは人差し指から小指までを表す言葉で、親指は英語でthumbである。親指が他の指と異なる言葉で表現されるのは、形状の違いもあるが、親指はヒトの発達において特別な意味を持つからである。

▶ 親指が発達したおかげで、前足が手になった。手を動かすことで、脳が発達した。老化防止、ボケ防止にピアノなど楽器を演奏することが良いと聞いたことがあるかもしれない。これは手の指の動きと脳の作用が密接に連動していることと関係している。

▶ 手が発達したからこそ、脳も大きくなったし、道具も使えるようになったのである。それでは、人間の脳とAIの違いとは何か？

教養ポイント（2）／アラン・チューリング Alan Turing～人工知能の父

▶ AIは最近何かと話題である。この人工知能の父と呼ばれるのが、イギリスの数学者であり、コンピューター科学者でもある、アラン・チューリング（1912～1954年）である。彼は第二次世界大戦で解読不可能とされていたナチスドイツの軍事暗号エニグマの解読に大いに貢献した。数学の天才だっただけでなく、長距離走も得意だったらしい。

▶ 第二次世界大戦後は、プログラム内蔵式計算機（現在のコンピューターの原型）の開発に専念した。数理科学や暗号解読、計算機科学の発展にこれほどまでの貢献をしたチューリングだが、同性愛者であることを理由に1952年に逮捕され、有罪となった。当時のイギリスでは同性愛は違法であった。

▶ 同性愛を矯正するためのホルモン治療を受けている保護観察期間中にチューリングは自殺する。チューリングの生涯に関しては映画「イミテーション・ゲーム」をぜひ見てほしい。彼の死後、チューリングの偉大で広範囲にわたる業績に対して再評価が行われる。2019年、イギリスの50ポンド紙幣にアラン・チューリングが採用されることが決まった。

教養ポイント(3) ／ チューリングテスト

▶ 教養ポイント (1) で人間と動物の違いについて検討した。人間と他の動物の違いが、思考力や知性にあるとするならば、人間とAIを区別するものは一体何だろうか? AIが「知性」を持ち、人間のように「思考する」ことはありうるのだろうか? チューリングもこの問題を考えた。

▶ チューリングは、AIが知性を持っているかどうかを判定する方法を考案した。これが「チューリングテスト」である。判定者Xさんが、別の人間Yさんと人工知能Zとチャットを行う。そのうえで、Xさんが人工知能Zとのチャットを他の人間Yさんとのチャットと変わらないものだと判定したら、人工知能Zは「知性」を持つというものである。これをチューリングテストと呼ぶ。

▶ チューリングテストに合格したAIは十分「人間的」であり、AIはこのテストをクリアすべく開発が続けられてきた。別の英文(埼玉大)で学ぶように、現在、AIは電話オペレーターとの区別がつかない水準まで進歩している。AI対人間に関する倫理が求められる所以である(第6講の英文参照)。

教養ポイント(4)／中国語の部屋と意識

- アメリカの言語哲学者サールは、チューリングテストを敷衍した思考実験を考案した。それが「中国語の部屋」である。これは「知性」を含めた「意識」とは何かという問題を浮かび上がらせた。ちなみにサールは世界的に著名な哲学者だったがセクハラによって大学を追われている。
- まず、中国語を理解できないAさんを部屋に閉じ込める。Aさんはアルファベットしかわからない。もちろん、スマホやコンピューターなどは持ち込めない状態である。部屋の中には1冊のマニュアルがあるだけだ。そして、中国語が書かれた紙切れがAさんの部屋に届けられる。この紙切れにAさんは中国語を書き加えて返却することが求められる。このとき、部屋にあるマニュアルが役に立つ。
- Aさんはマニュアルに従って、中国語を書き加えて返却しているだけである。一方、部屋の外からこの様子を観察している人からは、Aさんは中国語を「理解」しているように見える。しかし、形式的には中国語を理解しているように見えるAさんも、マニュアルに従っているだけであり、意味に関しては中国語を理解できていない。
- つまり、チューリングテストに合格したAIは、このAさんと同じなのではないかというのがサールの見解である。意味を含めた「意識」が伴っていなければ、AIは人間ではなく、単なる形式の膨大な束をプログラムされた機械にすぎないということである。AIは果たして、意識、そして感情を持つのかという問題でもある。

教養ポイント(5) ／ ビッグデータと深層学習 (deep learning)

- AIが劇的に進歩したことは、ビッグデータのおかげである。コンピューターのメモリが増加するにつれて、従来は消去されていた膨大なデータが保存できるようになった。このように、「さまざまな種類と形の、さまざまな性格を持つデータ」のことを**ビッグデータ**と呼ぶ。文字情報だけでなく、画像・映像・音声などもメモリの向上で保存しておくことが可能になっている。
- 皆さんの持っているスマートフォンや各種ポイントカード、Suicaなどの交通系ICカード、SNSからデータが収集され、ビッグデータとなる。こうしたビッグデータは各種の「予測」に利用されている。わかりやすいのは購買履歴だ。いつ、誰が、どんなものを購入しているかというデータが大量に集まることでセールスをすることができる。SNSなどでさまざまな情報を発信している場合、個人的な嗜好も分析されているのだ。
- こうした個人のデータはその人の生活そのものであり、個人に帰属するものである。しかし、ICカードの乗車券・定期券、あるいはスマートフォンやタブレットの会社は現在のところ個人にデータの使用料を払わずに利用している。こうしたツールの使用に際して、利用者は最初に提供企業がデータを利用することに同意しているからだ。ビッグデータとプライバシー、そして個人データの使用権に関してはさらなる法整備や社会的ルールが必要とされている。
- **深層学習**(deep learning)という技術の出現によって、AIが従来の機械学習ではなく、人間が自然に学習するプロセスを模倣することができるようになってきている。これは人間の脳における神経細胞ニューロンを模倣したニューラルネットワークがベースとなっている。このようにAIが深層学習によって進歩を遂げていることにより、「秩序だった学習環境」ではAIが人間の能力を凌(しの)ぐまでになってきている。すでにチェスや将棋、囲碁もコンピューターが人間のチャンピオンに勝利している。

オススメ映画

・「イミテーションゲーム」
https://youtu.be/Lzd7MAd0JSA

このテーマで出題された!

大学	学部	年度	出題テーマ
早稲田大学	政経学部〔1〕	2018年	人間の労働とAI
東北学院大学	文・経・経営・法・工・教養学部〔1〕	2018年	人間とAIの限界
大阪市立大学	商・経済・法・文・理・工・医・生活科学部〔2〕	2019年	人工知能が労働者に与える影響
岡山理科大学	理・工・総合情報・生命地球・教育・経営・獣医学部〔1〕	2020年	AIと未来の仕事
東京農工大学	農・工学部〔2〕	2020年	AIは人間の認知能力を超えられるか?

実戦編

それでは、英文を見ていこう。

問題 次の英文について、A～Dに関する問に答えよ。

In 1950, the English mathematician and computer-science pioneer Alan Turing wrote an article responding to the question, "Can a machine think?" His immediate answer was that the question is "too meaningless to deserve discussion."

Instead, Turing proposed a test of whether a machine could appear to be intelligent; the "imitation game," now known as the "Turing test." Turing argued that if a machine, conversing via answers written on a screen, could fool a human into thinking that he or she is talking to another human, the machine would have to be considered intelligent. Passing the Turing test — a milestone that Turing predicted would be achieved by 2000 — has been one of the primary goals of artificial intelligence (AI), the (1) sitting at the junction of cognitive psychology and computer science.

Artificial intelligence grew out of the work of Turing and others in the brave new world of computers. After the Second World War, Turing helped to develop the world's first electronic digital computer, but he tragically committed suicide in 1954, two years before the first AI computer program arrived. In 1956, American researchers Allen Newell, J.C. Shaw and Herbert Simon introduced "Logic Theorist": an AI that proved able to determine for itself the basic equations of logic, even coming up with a better proof than that already known. That same year, a conference at Dartmouth College, in Hanover, New Hampshire, saw the term "AI" (2), and the field formally came into being.

The success of Logic Theorist drew wildly optimistic (3) about the fast rise of AI. Allen Newell anticipated that "Within ten years, a digital computer will be the world's chess champion, unless the rules forbid it from competition," while MIT cognitive scientist Marvin Minsky proclaimed, "Within a generation ... the problem of creating 'artificial intelligence' will substantially be solved."

Rapid advances in computer technology (a)did nothing to dent the confidence of AI researchers, and by the 1960s, the scientist Herbert Simon predicted that AI would overtake human intelligence within twenty years. The ever-increasing power of computers could be harnessed to run programs of increasing complexity, some of which were presented in challenges such as beating human grandmasters at chess. However, despite all the expectations, it was not until 1997 that this feat was finally accomplished, and many other hopeful predictions for AI have gone unfulfilled.

In 2014, Turing's prediction regarding his test seemed finally to have been (b)met (although it was over a decade late), when a robot named "Eugene Goostman" was said to have passed the test. However, this claim is (4) because the robot fooled only a third of the judges and has been criticized for "gaming" the test by (c)posing as a thirteen-year-old Ukrainian with limited English.

Even if an AI can pass the Turing test, does this mean it can think? One major objection to the claim is that passing the test is no guarantee that an AI has achieved "symbol grounding"; the ability to know what symbols, words or concepts really "mean." (I)In the early 1980's, the philosopher John Searle proposed a thought experiment called the 'Chinese Room' to illustrate this point. Imagine a man in a sealed room, to whom written questions are passed through a slot. The questions are in Chinese, which the man cannot understand, but he has a giant book of grammar rules that allows him to process the questions and write answers in Chinese. To the people receiving the response, it would appear that he can understand Chinese, but in fact, he has no such comprehension.

This is just one of the (5) — and maybe unresolvable — issues facing AI and the wider field of the study of consciousness. A related issue is whether desires, emotions or intentions "programmed" into AIs mean the same as our desires and intentions. For instance, consider a thermostat, a device that turns electric devices such as air-conditioners on and off to keep the temperature at a set level. Does the thermostat "want" to keep your living room temperature at 26°C? It may sound crazy to claim that it does, but unless we can give a clear (6) of what it means to want something, who is to say otherwise?

Adapted from Joel Levy, *Why We Do the Things We Do.* 2015.(工学院大)

A　空所（ 1 ）～（ 6 ）に入る最も適当なものを、次の（ア）～（エ）から一つずつ選びなさい。

(1)　(ア) article　(イ) book　(ウ) field　(エ) logic

(2)　(ア) illustrated　(イ) imagined　(ウ) imitated　(エ) introduced

(3)　(ア) distinctions　(イ) lines　(ウ) predictions　(エ) strings

(4)　(ア) accepted　(イ) controversial　(ウ) official　(エ) stated

(5)　(ア) changing　(イ) concluding　(ウ) easy　(エ) tough

(6)　(ア) definition　(イ) negation　(ウ) observation　(エ) suggestion

B　下線部（a）～（c）を言い換える語句として最も適当なものを、次の（ア）～（エ）から一つずつ選びなさい。

(a)　(ア) boosted　(イ) discouraged　(ウ) ended　(エ) straightened

(b)　(ア) achieved　(イ) encountered　(ウ) fought　(エ) gathered

(c)　(ア) acting　(イ) giving　(ウ) modeling　(エ) stopping

C　下線部（I）で書かれているように、Chinese Roomの実験はTuring testの欠点を示すものであった。Chinese Roomの実験のどのような点がTuring testの欠点を示しているのか、日本語で説明しなさい。（この問題では、単純に英語を訳すことではなく、あなたが本文から理解した内容を説明することが求められています）

D　本文の内容と一致しないものを、次の（ア）～（オ）から二つ選びなさい。

(ア) Turing thought that it was pointless to make arguments over whether a machine could think.

(イ) The very first form of AI came out just before the tragic death of Turing.

(ウ) Turing's prediction about how soon the Turing test would be passed was correct.

(エ) Many of the goals that were expected of AI have not been accomplished.

(オ) One issue concerning AI seems to be whether AI has desires, emotions and intentions.

解説

第1段落

① In 1950, ／ the English mathematician and computer-science pioneer Alan Turing ／／ wrote an article | responding to the question, "Can a machine think?"

まず、SVを見つける。文頭のIn 1950（1950年に）は前置詞Inから始まっているので、文の主語Sではない。Sは名詞だからだ。

次のthe English mathematician and computer-science pioneer（イギリス人の数学者であり、コンピューター科学の先駆者）は定冠詞theがあるので、このあとには名詞のカタマリが続くと予測できる。等位接続詞andはmathematicianとcomputer-science pioneerという名詞を結び、

the English 〈mathematician **and** computer-science pioneer〉

の形になっている。Sの次には述語動詞Vが続くと予測できるがAlan Turingとある。Alan Turing（アラン・チューリング）はAとTが大文字なので固有名詞で、前のmathematicianやcomputer-science pioneerから人名で同格だとわかる。よってここまでが①のSである。

【教養ポイント (2)】を押さえておけば、Alan Turingが「数学者であり、コンピューター科学の先駆者」であることがすぐわかる。AIの進化を考えると、チューリングやチューリングテストに絡んだ英文の出題はさらに増加するだろう。

ちなみに、大学入試の英文で頻出する3大科学者は、物理学のニュートン、アインシュタインと生物学のダーウィンである。次点で物理学のホーキングが登場する。彼に関しては、映画「博士と彼女のセオリー」を見ておくとよい。

①の文の述語動詞はwrote、次にくるan article（記事・論文）は目的語Oである。ここまでで、「1950年に、イギリスの数学者でありコンピューター科学の先駆者であるアラン・チューリングが書いたものは、ある論文であった」という内容であることがわかる。

この後は、an article(論文) の「説明」が続くと予測する。

an article | responding to the question
名詞　説明

responding to the question,(その問題に返答した)。respond to ～で「～に応答する」という意味。the question, で重要なのは定冠詞theとカンマ (,)。初登場の普通名詞questionにtheが付いているので、追加説明が続くと予測する (→【第4講POINT 2】)。カンマの後に、"Can a machine think?" と続くので、これがthe questionになる。つまり、カンマは「同格」を表している。

①1950年、イギリス人の数学者でありコンピューター科学の先駆者でもあったアラン・チューリングは、「機械は思考するのか?」という問いに対する論文を書いた。

② His immediate answer was | that the question is "too meaningless to deserve discussion."

His immediate answer wasがSVであることはいいだろう。問題はHis immediate answerの解釈である。「彼の即座の答え」(?) と直訳的に捉えてしまう人が多いが、人称代名詞の所有格Hisと動詞派生名詞answer(動詞answer「～に答える」から出てきた名詞) には、「彼が答える」という「意味上の主述関係」があるので、「彼は即答した」などと解釈するとより理解しやすくなるだろう。

名詞のカタマリに注意!

名詞のカタマリにおいて、
・人称代名詞所有格を意味上の主語
・動詞派生名詞を意味上の述語
と解釈すると理解が深まる場合がある。
例) his immediate answer　(彼は即答した)
人称代名詞の所有格　動詞派生名詞

次に、従属接続詞thatの後はSVが続くと予測する。the question is "too meaningless ... がSVCとなっていることはわかるだろう。ここで重要なのは色字で示している部分に「時制の一致」が起こっていないことである。つまり、

His immediate answer was | that the question is "too meaningless ...
過去形　現在形

これは、that節の文が「普遍の真理」(=いつでも成立すること) だからであると考えられる。

さて、"too meaningless to deserve discussion." は引用符 (" ") が付いているので、実際のアラン・チューリングの論文からの「引用」であることがわかる。meaningless(無意味)、deserve(〜に値する) なので、ここは「無意味すぎて議論に値しない」という意味になる。

②そんな問題は「無意味すぎて議論に値しない」と彼は即答した。

マクロの視点 ▶ 第1段落の要点

チューリングは「機械は思考できるか?」という問いは議論する価値がないと考えていた。

▶ 第2段落

① Instead, / Turing proposed a test of | whether a machine could appear to be intelligent; the "imitation game," now known as the "Turing test."

Instead(その代わりに) の次にくるTuring proposed a testがS(=Turing)V(=proposed：提起する)O(=a test) で、SVOの構造。a test of ...の形なので、a testの説明がof以下で続くと予測できる。そこで、ここまでを「チューリングが提起したテストは」と処理しておく。

whether a machine could appear to be intelligent;「機械が知的に見えるのかどうか」は前のa testの内容を示しているので、ここのofは「同格」(〜という) と考えられる。

セミコロン (;) にも注目したい。後ろにthe “imitation game,”「イミテーション・ゲーム」とあるので、

a test of whether a machine could appear to be intelligent＝the “imitation game”

であることがわかる。後のnow known as the “Turing test.”はthe “imitation game”の説明部分でknownは過去分詞の形容詞用法。意味は「現在では『チューリングテスト』と知られている」となる。

まとめると、

＊機械に知性があるように見えるかどうかというテスト
　＝イミテーション・ゲーム＝チューリングテスト

ということ。この部分は非常に詳しく説明されているので、文章のキーワードであると予測できる。

①その代わり、チューリングが提起したテストは、機械に知性があるように見えるかどうかというもので、「イミテーション・ゲーム」と呼ばれた。現在では「チューリングテスト」として知られるものである。

② Turing argued | that / if a machine, / conversing via answers | written on a screen, // could fool a human into thinking | that he or she is talking to another human, / the machine would have to be considered intelligent.

Turing argued that ... はS(＝Turing)V(＝argued：主張する) で後ろにthat節が続くので「チューリングが主張したことは」と処理。that節をとるargueの意味「〜を主張する」に注意。次にthat節が後続したときの意味に気をつけるべきVを挙げておく。

that節が後ろに続いたときに気をつけるべきV

・argue that ...　「…を主張する」
・maintain that ...　「…を主張する」
・observe that ...　「…を述べる」

では、that節の中を見ていこう。通常なら従属接続詞thatが支配するSVが出てくるはずだが、本文ではif a machine, ...と続くため、if＋S＋Vが挿入されていることがわかる。まずこのif節を見ていこう。

まず、if a machine, conversing via answersの部分だが、a machineがif節の主語Sであることはわかる。次のconversing via answers(答えを介して会話する)のconversing(会話する)は現在分詞なので、形容詞用法と分詞構文の可能性があるが、カンマがあることと形容詞用法なら「会話している機械」、分詞構文なら「会話をするとき」より本文の場合は分詞構文だと考える。その後ろは、

answers | written on a screen(スクリーン上に記された答え)
名詞　説明

という過去分詞の形容詞用法なので、a machine, ／conversing via answers | written on a screen,は、「ある機械がスクリーンを介して会話をしているとき」という意味になる。

そして、could fool a human into thinking ...のcould foolが述語動詞V。fool＋O(人)＋into ～ingは「人を～するように騙(だま)す」という意味。次のthat節、that he or she is talking to another humanはthinkingの目的語。he or sheは主語Sで前のa humanを指す代名詞。is talkingが述語動詞V。

次の

the machine would have to be considered intelligent.
S　V　C

は、would have to be consideredの形から、仮定法過去であることがわかる。意味

は、「その機械は知性があると考えられるだろう」となる。

以上より、

> ②チューリングが主張したことは、もしある機械がスクリーン上の文字を介して会話をして、人間に自分が別の人と会話をしていると思わせることができたとしたら、その機械には知性があると考えられるだろうということだ。

②はイミテーション・ゲーム、つまり、チューリングテストの内容である。皆さんもLINEやメールで友人とやりとりをしたことがあると思う。たとえば自分がLINEをしている相手が人間だと思っていたのに、AIだった場合、そのAIはチューリングテストに合格したことになって、知性を持つとされるのだ。

③ Passing the Turing test ╱ — a milestone | that Turing predicted ▲ would be achieved by 2000 — ╱╱ has been one of the primary goals of artificial intelligence (AI), the（ 1 ）sitting ╱ at the junction of cognitive psychology and computer science.

Passing the Turing test(チューリングテストに合格すること╱合格したら) だが、文頭の〜ingは動名詞と分詞構文の両方の可能性がある。この後の

— a milestone | that Turing predicted ▲ would be achieved by 2000 —

that Turing predicted ▲ would be achieved by 2000
S V S′ V′
※▲は要素の欠落を表す。

は、ダッシュ(—) で囲まれていて、名詞a milestoneとその説明部分で構成されているので、直前にある名詞句the Turing testを補足する情報だと考えられる。その後ろにhas been(=V) があるのでPassingは動名詞でSとなっていることがわかる。ここで注意してほしいのは、that以下の部分である。a milestone | that ...のthatは名詞 a milestoneの説明部分だと考える。この文で注意すべきことは、Turing(S) predicted (V)「チューリングが予測したことは」の次にwould be achieved(V′) が続いていて、これに対応するS′が欠落していることである。

ここから、thatはa milestone(画期的な出来事)を先行詞とする関係代名詞であると判断できる。意味は「2000年までに達成されるだろうとチューリングが予測した画期的な出来事」となる。

次のhas been(=V) one of the primary goals of artificial intelligence (AI) (=C)で注意すべきなのはVの時制である。has beenと現在完了形なので、チューリングテストに合格したAIはいまだに存在しないことがわかる。

the (1) | sitting / at the junction of cognitive psychology and computer science.

ここは空所補充問題である。まず問Aの(1)の選択肢を見ると

(ア)article(論文) (イ)book(書籍) (ウ)field(分野) (エ)logic(論理)

と全て名詞なので、sittingは現在分詞の形容詞用法と判断できる。次に出てくるjunctionは「接点」という意味なのでat the junction of cognitive psychology and computer scienceで「認知心理学とコンピューター科学の接点に存在する」となる。cognitive psychologyとcomputer scienceはそれぞれ学問の一分野なので、それとの接点にはやはり学問の分野を意味する語が入る。よって、(1)の答えは、(ウ)。

③チューリングテストにパスすることは、チューリング自身が2000年までに達成されるだろうと予測した画期的な出来事ではあるが、認知心理学とコンピューター科学が交差する分野である、人工知能の主要な目標の1つであった。

マクロの視点 ▶ 第2段落の要点

- 機械に知性があるかどうかを判定する方法＝チューリングテスト
- チューリングテストに合格するAIを作ることが目標だったが、チューリングの予言とは裏腹にそれはいまだ達成されていない。

▶ 第3段落

① Artificial intelligence grew ／ out of the work of Turing and others ／ in the brave new world of computers.

まず、Artificial intelligence(S) grew(V)「人工知能は発展した」がSV。これにout of the work of Turing and others「チューリングや他の研究者の研究から」という前置詞句が続く。次のin the brave new world of computersだが、気をつけてほしいのはbrave new worldというフレーズ。これは「すばらしく新しい状況」という意味である。ちなみに、オルダス・ハクスリーのディストピア小説『すばらしい新世界』(1932年)の原題はBrave New Worldである。the brave new world＝computersと考えられるので、ofは「同格」を表すものとして処理する。よって、in the brave new world of computers「コンピューターというすばらしく新しい分野で」という意味になる。

①人工知能はコンピューターというすばらしく新しい分野におけるチューリングや他の研究者の研究から発展してきた。

② After the Second World War, ／ Turing helped to develop | the world's first electronic digital computer, ／ but he tragically committed suicide ／ in 1954, ／ two years before the first AI computer program arrived.

After the Second World War(第二次世界大戦後)の次の、Turing(S) helped to develop(V)「チューリングが開発に貢献したものは」がSVである。developの目的語Oが後続することを予測しながら続きを見ると、the world's first electronic digital computer「世界初の電子デジタルコンピューター」とある。これがOである。

butは接続詞でhe(S)tragically committed(V)suicide(O)in 1954「彼は悲劇的なことに1954年に自殺してしまった」という文が続く(→教養ポイント(2))。two years before ～「～の2年前」で、the first AI computer program(S) arrived(V)「最初の人工知能コンピューターが登場する2年前に」。

②第二次世界大戦後、チューリングは世界初の電子デジタルコンピューターの開発に貢献するが、悲劇的なことに、彼は1954年に自殺してしまう。それは世界初の人工知能コンピュータープログラムが誕生する2年前であった。

③ In 1956, ／ American researchers Allen Newell, J.C. Shaw and Herbert Simon ／／ introduced "Logic Theorist": an AI | that proved able to determine for itself the basic equations of logic, ／ even coming up with a better proof than that already known.

In 1956「1956年に」、これは②の文で述べられていたチューリングが自殺した1954年から2年後のことだ。American researchers Allen Newell, J.C. Shaw and Herbert Simon「アメリカ人研究者のアラン・ニューウェル、J.C.ショー、ハーバート・サイモン」までが1つのカタマリの主語Sで、後ろのintroduced（披露する）が述語動詞Vである。

では、introducedしたものは何か？　この後ろには目的語Oである"Logic Theorist"が来る。Oが何のことかわからなくても大丈夫。引用符（" "）と大文字（L,T）で始まっているので、これは固有名詞。コロン（:）以下が"Logic Theorist"の補足説明になっている。an AI | that ...と続くので、"Logic Theorist"＝AIであることはわかる。that以降はan AIの説明で、

that proved able to determine ／ for itself ／ the basic equations of logic
V C

となっており、述語動詞proved「～であることがわかる」が続くのでthatは主格の関係代名詞。able to determine「決定することができる」、for itself「自分で」のitselfはan AIを指している。

determine「～を決定する」の目的語に相当するものはthe basic equations of logic「基本的な論理式」。以上より、"Logic Theorist"とは、「自ら基本的な論理式を決定できることを示した」AI（人工知能）であることがわかった。

後続のeven coming up with a better proof than that already knownは、coming up with ～「～を思いつく」に注目。今回の場合、（A）直前の名詞句the basic equations of logicを修飾している現在分詞の形容詞用法と（B）分詞構文で主体は関係代名詞節が付いているan AI、という2つの可能性がある。the basic equations（基本式）がcoming up with ～「～を思いつく」という可能性はないので、ここでは（B）分詞構文として解釈する。

even coming up with a better proof「より良い証明を思いつくことさえある」。betterが比較級なので、than that already knownと比較対象が続く。that＝a proof「証明」であり、これを修飾しているのがalready known「既知の」という形容詞用法の過去分詞。

以上より、

③1956年に、アメリカ人研究者のアラン・ニューウェル、J.C.ショー、ハーバート・サイモンが披露したのは、「ロジック・セオリスト」という人工知能であり、これは自分で基本的な論理式を決定できることを示しただけでなく、既知の証明より良い証明を思いつくことすらあった。

④ That same year, / a conference at Dartmouth College, in Hanover, New Hampshire, // saw the term “AI” (　2　), / and the field formally came into being.

文頭のThat same year,「同年」は1956年のこと。続くa conference at Dartmouth College（ダートマス・カレッジでの会議）が文の主語S。in Hanover, New Hampshire「ニューハンプシャー州のハノーバーにある」はダートマス・カレッジの所在地（超有名大学以外はどこにあるのか所在地が続くことが多い）。次のsawが述語動詞Vである。ここで注意してほしいのは、a conference at Dartmouth College（ダートマス・カレッジでの会議）という無生物がSであることだ。場所や時間といった無生物が主語Sで述語動詞Vがseeやwitness「～を目撃する」の場合、S＋V＋Oで「OがSで起こった」という意味になることがある。

S（時間・場所）＋ see / witness ＋O（出来事）：「OがSで起こった」

例）This decade has witnessed the recovery of the Japanese economy.
この10年間、日本経済は回復している。

空所補充（　2　）は選択肢より、（ア）illustrated（説明した）（イ）imagined（想像した）（ウ）imitated（模倣した）（エ）introduced（取り入れられた）であり、全て過去分詞である。したがって、この文がS（＝a conference）V（＝saw）O（=the term “AI”）C（＝2の答え）の第5文型の文であることがわかる。

conference「会議」はダートマス・カレッジという大学が会場なので学会や研究会であることがわかる。よって、「1956年の学会でAIという用語が取り入れられた」という文になると考え、（エ）を選ぶ。

次の、and the field formally came into beingはthe field（その分野）が主語Sでcame into being（誕生した）が述語動詞Vである。もちろん、the field（その分野）とは人工知能AIに関する学問分野である。come into 〜は「新たに登場して〜となる」、beingは動名詞で「存在」という意味。よって、come into beingで「誕生する／生まれる」という意味になる。

POINT 4

comeとgo

comeもgoも英語を学習してからすぐに登場する単語なので、come「来る」、go「行く」と単純に覚えてしまっている人も多いだろう。しかし、comeとgoの本質は次のようになる。

「**もともと存在しない状態（＝無）から現れる**」というのがcome。Dreams come true.「夢は叶う」が典型的だ。未実現（＝無）の夢が実現するというベクトルである。感情の変化などを表すときも、元々存在しなかった感情が新たに発生するのでcomeである。こう押さえておけば、It comes as a surprise to me that ～「～ということを知って私は驚いた」という文もわかりやすいだろう。よって、come into ～も「新しく～という状態になる」という意味になる。

逆に、goは「**すでに存在しているものがなくなってしまう**」イメージになる。This milk goes bad quickly.「この牛乳はすぐに腐る」、The company went bankrupt.「その企業は倒産した」、He is gone.「彼は亡くなった」などを思い浮かべるとわかりやすい。

come　　go

無 ——→ 有 ——→ 無

④同年、ニューハンプシャー州ハノーバーにあるダートマス・カレッジでの会議で初めて「AI」という用語が使用され、人工知能という分野が正式に誕生したのであった。

マクロの視点 ▶ 第３段落の要点

AIは、チューリングの死の２年後である1956年にコンピューター科学の一分野として成立した。

第４段落

---

① The Success of "Logic Theorist" drew | wildly optimistic (　3　) about the fast rise of AI.

The Success of "Logic Theorist"が主語S、drewが述語動詞V。wildly optimistic (　3　) がdrewの目的語となるはずだ。選択肢は、(ア)distinctions(区別)、(イ)lines(境界線)、(ウ)predictions(予言／見通し)、(エ)strings(ひも／弦楽器)。前後を確認すると、(　3　) の前にwildly optimistic「非常に楽観的な」という形容詞があり、(　3　) の後にabout the fast rise of AI「AIの急速な進歩に関して」とある。1956年に学問分野として成立したばかりなので、ここは (ウ)predictions「見通し」が正解。

①の文で気をつけてほしいことは、名詞句 (＝名詞のカタマリ) をなるべく文のように捉えるということだ。

- The Success of "Logic Theorist"：(△)「ロジック・セオリスト」の成功
  → (○)「ロジック・セオリスト」が成功した (こと)
- the fast rise of AI：(△)AIの急速な発展
  → (○)AIが急速に発展する (こと)

長い名詞のカタマリはなるべく「文」のように解釈する

また、wildly optimistic predictionsのwildlyという強調の副詞にも注目。「極度に楽観的」なという「強調」があるということは、この予言が現実とは乖離(かいり)しているということを予感させる。つまり、AIの開発が予言ほど簡単には進まないということが、暗に示されているのだ。

① 「ロジック・セオリスト」が成功したことで、AIが早期に発展するということに関して極端に楽観的な見通しが生じた。

② Allen Newell anticipated | that "Within ten years, ／ a digital computer will be the world's chess champion, ／ unless the rules forbid it ／ from competition," ／ while MIT cognitive scientist Marvin Minsky ／／ proclaimed, "Within a generation… ／ the problem of creating 'artificial intelligence' ／／ will substantially be solved."

Allen Newell(＝S) anticipated(＝V) | that ...なので、「アラン・ニューウェル（「ロジック・セオリスト」の開発者の1人）が予想したことは」という意味。that節以下が予測の内容。ここで重要なのは前文の（　3　）の解答（ウ）predictions「予言／見通し」とanticipate「予想する」がほぼ同じ意味であるということ。anticipatedを見て、（　3　）の解答として（ウ）が正しかったことを確認できる。

それでは、ニューウェルの予想を見ていこう。"Within ten years,（10年以内に）と引用符（"）で始まることから、この文が実際のニューウェルの発言の引用であるとわかる。a digital computer（＝S）will be（＝V）the world's chess champion(＝C)「デジタルコンピューターは、チェスの世界チャンピオンになるだろう」という部分は問題ないだろう。unless the rules(＝S) forbid(＝V) it（＝O）from competitionのunlessは従属接続詞で「～しない限り」という意味。Sのthe ruleは定冠詞theが付いているので「（チェスの）ルール」ということがわかる。Vのforbid「禁止する」の目的語itはa digital computerを指す。from competitionは「競技から」。よって、"Within ten years, a digital computer will be the world's chess champion, unless the rules forbid it from competition,"は「10年以内にデジタルコンピューターはチェスの世界チャンピオンになるだろう。ルールによってコンピューターが大会に出場できなくならない限りは」という意味になる。

while MIT cognitive scientist Marvin Minsky proclaimed, のwhile(一方で）は従属接続詞。while節内のSはMIT cognitive scientist Marvin Minsky「MIT(マサチューセッツ工科大学）の認知科学者であるマーヴィン・ミンスキー」であり、proclaimed(宣言した）がV。

宣言の内容は、"Within a generation ... the problem of creating 'artificial intelligence' will substantially be solved."で、"Within a generation ...は「1世代のうちに」、次のthe problem of creating 'artificial intelligence'(「人工知能」を創り出すという問題）がS、will substantially be solved(実質的に解決されているだろう）がV。1世代が大体30年だとすると、マーヴィン・ミンスキーは「30年も経てばAIは難なく完

成しているだろう」ということを公言したことになる。

②アラン・ニューウェルは、「10年以内に、デジタルコンピューターは、ルールが大会からコンピューターを禁止しない限り、チェスの世界チャンピオンになっているだろう」と予測した。一方で、MITの認知科学者マーヴィン・ミンスキーは、「1世代以内に…『人工知能』を創り出すという問題は実質的に解決しているだろう」と宣言した。

第4段落のmain ideaは①の文で、②は①の文の具体例（=エビデンス）になっている。

マクロの視点 ▶ 第4段落の要点

Logic Theoristの成功によって、AIの早期開発に関して楽観的な見通しが立てられた。

第5段落

① Rapid advances / in computer technology // (a)did nothing | to dent the confidence of AI researchers, / and by the 1960s, / the scientist Herbert Simon predicted | that AI would overtake human intelligence / within twenty years.

Rapid advances「急速な進歩」/in computer technology「コンピューター技術における」の後ろにdidという動詞があるので、Rapid advances in computer technologyまでが本文の主語Sでdidが述語動詞Vであることがわかる。

nothing to dent the confidence of AI researchersがdidの目的語でto dent以下はnothingを修飾する形容詞用法の不定詞。the confidence（確信）は初登場の名詞confidenceに定冠詞theが付いているので、この名詞の説明が後ろに続くと考える。of AI researchers（AIの研究者の）ということなので、the confidence of AI researchers「AI研究者たちの確信」がto dentの目的語だとわかる。

問題Bの（a）did nothing to dent the confidenceは「自信をへこませるようなことは一切しなかった」という意味。選択肢は（ア）boosted（押し上げた）、（イ）discouraged

(挫かせた)、(ウ)ended(終わらせた)、(エ)straightened(正した/解決した) で、(ア) が正解。

さて、ここで問題。the confidence of AI researchers(AI研究者たちの確信) とは何についての確信なのだろうか?

第4段落①にwildly optimistic predictionsというconfidenceと似た意味の表現があり、その後にabout the fast rise of AI(AIが急速に発展すること) と続いている。これが確信の具体的な内容だ。第3講で学習したマクロの視点を忘れずに英文を読んでいこう。

よって、Rapid advances / in computer technology // did nothing | to dent the confidence of AI researchersは「コンピューター技術の急速な進歩のおかげで、AI研究者の確信が凹むことは全くなかった」という意味になる。この文は無生物主語。和訳や解釈をするときなどは工夫をしよう。つまり、「AI研究者の極端なまでに楽観的な見通しは、その後のコンピューター技術の急速な進歩のおかげでまったく暗くなることがなかった」ということだ。

次の、and by the 1960s,「そして、1960年代までには」から新しい文が始まる。ここのby the 1960sのbyは「〜までには」という意味だが、「1960年代にはすでに」というニュアンスである。つまり、初期段階のAIコンピュータープログラムである"Logic Theorist"が1956年に開発されて、そこから10年足らずの1960年代にということ。

the scientist Herbert Simon(=S) predicted(=V)「科学者のハーバート・サイモンが予測したことは」がSV。後ろのthat ...が予測の内容である。ちなみにハーバート・サイモンは1978年にノーベル経済学賞を受賞しているが、経営学、経済学、心理学、情報科学、システム科学など幅広い分野で活躍した知の巨人である。

that以下はAI(=S) would overtake(=V) human intelligence(=O) / within twenty yearsの形。overtakeが「〜を追い越す」という意味なので「AIは人間の知能を追い越すだろう」という意味になる。within twenty yearsは「20年以内に」なので、知の巨人であるサイモンの予測は、「20年以内に (つまり、1980年代には)、AI

は人間の知性を追い越すだろう」というものだった。

①コンピューター科学の急速な進歩のおかげで、AI研究者の自信は一切揺らぐことはなかった。そして、すでに1960年代には、科学者ハーバート・サイモンが、20年以内にAIは人間の知性を追い越すだろうと予言していた。

② The ever-increasing power of computers // could be harnessed to run programs of increasing complexity, some of which were presented in challenges | such as beating human grandmasters at chess.

The ever-increasing power of computersが文のS。ever-increasingのeverは「常に」という意味になる。英語学習の初期に覚えた基本単語は辞書を引かないという人も多い。基本単語はふつうさまざまな意味を持つので、ぜひこまめに辞書で確認するようにしてほしい。

また次の関係にも注意しておきたい。

The ever-increasing power of computers
＝Rapid advances in computer technology（第5段落①のS）
常に増大し続けるコンピューターの性能＝コンピューター技術の急速な進歩

次に、Vのcould be harnessedだが、他動詞harnessは「〜を利用する」という意味。よって、The ever-increasing power of computers // could be harnessedで「常に増大し続けるコンピューターの性能は利用できた」となる。to run programsは「プログラムを動かすために」。コンピュータープログラムを動かすことを英語ではrun a programという。「（機械やプログラムなど）を動かす」というときには、このrunがよく使われる。

次のof increasing complexityだが、ここは「of＋抽象名詞＝形容詞」になっていることに注意。つまり、名詞programsを説明している。よって、programs of increasing complexity「ますます複雑化するプログラム」という意味のカタマリになる。

some of whichは、whichが関係代名詞なので、先行詞を探す。some ofとあるので、先行詞は複数形の名詞programsだ。よって、some of whichは「そうしたプログラムの中には」と処理。were presentedは「持ち込まれた」という意味。in challenges「難題に」の次に、such as beating human grandmasters at chess「チェスで人間のグランドマスターを倒すというような」という説明が付いている。

②常にコンピューターの性能が増大することで、より複雑なプログラムを走らせることができた。そうしたプログラムの中には、人間のチェスのグランドマスターを倒すというような難題も盛りこまれていた。

③ However, / despite all the expectations, / it was not until 1997 that this feat was finally accomplished, / and many other hopeful predictions for AI // have gone unfulfilled.

However「しかしながら」という接続副詞、その後に続くdespite all the expectations「こうした全ての予測にもかかわらず」があるので、この後の文がどのような内容になるかは予想できるだろう。科学者の期待通りにAIは発展しなかったという内容がくるはずだ。

ここで注意しておきたいことは、

all the expectations = wildly optimistic predictions（第4段落）

ということだ。つまり、第4段落や第5段落のアラン・ニューウェル、マーヴィン・ミンスキー、ハーバート・サイモンといった世界的研究者たちのwildly optimistic predictionsはことごとく外れたわけだ。

it was not until 1997 that ...は「1997年になって初めて…」という意味の強調構文。this feat「この偉業」（=S）was finally accomplished「ついに達成した」（=V）。ここで、this feat「この偉業」とは、直前にある②の文のbeating human grandmasters at chess「人間のチェスのグランドマスターを倒すこと」を指している。

andの後はmany other hopeful predictions for AI「そして、それ以外のAIに対する希望的観測の多く」が主語S。have gone unfulfilled「未達のままである」はVCの構造でunfulfilledが補語C。

③しかしながら、このような期待にもかかわらず、1997年になって初めて、この偉業は達成された。そして、AIに関するその他の希望的観測の多くは現在も未達のままである。

マクロの視点 ▶ 第5段落の要点

AIに関する初期のさまざまな期待は一部を除き、ほとんど実現しなかった。

第6段落

① **In 2014**, / Turing's prediction regarding his test // seemed finally to have been (b)<u>met</u> (although / it was over a decade late), / **when** a robot | named▲ "Eugene Goostman" // was said to have passed the test.

Turing's prediction regarding his test(チューリングテストに関する彼自身の予測)がS。regardingは前置詞で「〜に関して」という意味であることに注意。このSは第2段落の③の文にある「2000年までに機械がチューリングテストをパスするだろう」という予測を指している。

seemed finally to have been (b)<u>met</u>「ついに満たされたようだ」が大きく述部を構成している。ここで注意してほしいのはseemed「〜のように見えた」である。seemが付いているということは、「事実とは異なる」ということを意味する場合が多い。

なお、問題Bの(b)は受動態の過去分詞metとなっているが、SがTuring's predictionなので、meet「(期待などに)応える・満たす(＝satisfy)」という意味であることに注意。選択肢は(ア)achieved(達成した)、(イ)encountered(直面した)、(ウ)fought(戦った)(fightの過去・過去分詞)、(エ)gathered(集めた)なので、正解は(ア)となる。

seemやappearがVとして用いられているときは、「〜のように見えるが実はそうでない」ということを表すことが多い。

次は（　　）の中の文を見てみよう。althoughは「ただし」、it was over a decade lateは「それは10年以上も遅かった」の意味だ。第2段落で、チューリングは2000年までに機械がチューリングテストをパスするだろうと予測した。しかし、現実には2014年だったので、2000年というチューリングの予測からすると「10年以上遅れている」ことになる。

次のwhen a robot | named ▲ "Eugene Goostman" // was said to have passed the testは、まずwhenが接続詞であることに注意。そして、これは2014年の出来事である。

a robot | named ▲ "Eugene Goostman"だが、▲の位置にname＋O＋CのOが欠落しているので、このnamedは過去分詞であることがわかる。これがwhen節のSとなる。

その後にwas said to have passed(＝V) the test(＝O) と続いている。ここでは、was said to不定詞「〜と言われていた」に注意。これも、「事実は異なる」ということを暗に示すフレーズである。to have passedは完了不定詞で、Vであるwas saidとの時制のズレを表す。つまり、「すでにチューリングテストにパスしたと言われていた」という意味になる。

be said to不定詞は事実とは異なることを表すために使われる。よって、be said to不定詞の文の後には逆接の接続語がくることが多い。

①2014年に、チューリングテストに関する彼の予言は、ようやく成就したように思われた（実現時期が10年以上遅れたけれども）のは、「ユージン・グーツマン」という名のロボットがチューリングテストにパスしたと言われたときであった。

② However, ／ this claim is（　4　）because the robot fooled only a third of the judges and has been criticized for "gaming" the test by (c)posing as a thirteen-year-old Ukrainian with limited English.

However(しかしながら)、this claim(＝S) is(＝V) でSV。this claimは①のa robot named "Eugene Goostman" was said to have passed the test(「ユージン・グーツマン」という名のロボットがチューリングテストにパスしたと言われていた）を指す。【POINT 7：be said to不定詞】でも指摘した通り、逆接の接続副詞howeverが使われているので、問題Aの（　4　）にはthis claim(＝チューリングテストにパスしたという主張）が実は違うという内容の語が入ればよい。選択肢を見てみよう。(ア)accepted(受け入れられた)、(イ)controversial(議論を引き起こす／物議を醸す)、(ウ)official(公的な) (エ)stated(明言された）なので、(イ) が最適。

よって、However, ／ this claim is (controversial)「しかしながら、この主張は物議を醸した」となる。後ろのbecause the robot fooled only a third of the judgesは「この主張が物議を醸している」理由。the robot(＝S) fooled(＝V) は「このロボットが騙(だま)せたのは」という意味。only a third of the judges「判定人のたった3分の1」が目的語Oだ。

and has been criticized「そして、批判された」のandは、文の始めにあるisとhas been criticizedをつないでいる。つまりhas been criticizedのSはthis claimである。

for "gaming" the test以下は批判された理由を表している。gamingはgame「〜を悪用する」という動詞の用法。よって、「テストで不正を働いたためだ」という意味になる。

続くby (c)posing as a thirteen-year-old Ukrainian with limited Englishでは「どのように不正をしたか」が示されている。(c)posing as ...とあるので、ここでのposeは自動詞「…であるふりをする」という意味。よって、問題Bの (c) はこの意味に近いものを選べばよい。選択肢は、(ア)acting(演じる)、(イ)giving(与える)、(ウ)modeling(形作る)、(エ)stopping(やめる／止める) なので、正解は (ア) となる。

a thirteen-year-old Ukrainian(13歳のウクライナ人)with limited English(英語がたどたどしい)という意味。by (c)posing as a thirteen-year-old Ukrainian with limited Englishで「たどたどしい英語力の13歳のウクライナ人のふりをすることで」という意味になる。

②しかしながら、ロボットが判定人の3分の1しか騙せなかったことで、この主張は物議を醸している。そして、このロボットがたどたどしい英語を話す13歳のウクライナ人という設定だったことによってチューリングテストは「不正に実施された」と批判されている。

マクロの視点 ▶ 第6段落の要点

2014年にチューリングテストにパスしたと言われるAIが出現したが、真の意味でパスしたかどうかは疑わしい。

第7段落

① Even if an AI can pass the Turing test, ╱ does this mean | it can think?

even if 〜(たとえ〜としても)。an AI(=S) can pass(=V) the Turing test(=O) なので、Even if an AI can pass the Turing test「たとえ、あるAIがチューリングテストをパスすることができたとしても」という意味。

does this mean 〜?なので疑問文。主語のthisは前文の内容、つまり、「あるAIがチューリングテストにパスすることができるとしても」を指す。it can think「それ(=チューリングテストにパスしたAI)が考えることができる」という意味なので、does this mean | it can think?「これによってAIが思考できることを意味するのだろうか?」となる。

①たとえ、あるAIがチューリングテストにパスすることができたとしても、このことがそのAIが思考できることを意味するのであろうか?

①の文で重要なのはこれが疑問文だという点である。論説文における疑問文は「問題提起」を表すことが多い。そして、この問題提起に対する答えは必ず本文の

中で明らかにされ、これが重要概念（キー・コンセプト）となる。これを本書では「自問自答の原則」と呼ぶ。

・論説文中の疑問文は、単なる疑問の表明ではなく、「**問題提起**」。つまり、これからどのようなテーマに関して英文が展開されるかの宣言となっている。
・この疑問文の答えはその英文中において必ず明らかにされる。つまり、自問自答になっている。
・この疑問文に対する答えは英文におけるキー・コンセプトになっている。

たとえば、第1段落に“Can a machine think?”という疑問文がある。これに対してアラン・チューリングが出した答えが、第2段落で述べられている「チューリングテスト」である。

続く第3・4・5段落では、その後のAIの急速な発展を概観する。コンピューター科学やAIの急速な発展にもかかわらず、チューリングテストにパスするようなAIは登場しなかった。第6段落で初めてチューリングテストにパスしたと言われるAI「ユージン・グーツマン」が登場するが、本当の意味でチューリングテストにパスしたかどうかは議論が残る…という形で英文は展開してきた。

第7段落の①は、「チューリングテストにパスすることが、AIが本当に思考していることになるのだろうか？」という新しい疑問を提示している。これは「チューリングテストの妥当性」を新たなテーマにしたということだ。第1段落～第6段落までの内容から転じて新たな問い「チューリングテストの有効性」という問題にテーマを変更したことがわかる。「起承転結」でいうと第7段落は「転」ということになる。

② One major objection to the claim // is | that passing the test is no guarantee | that an AI has achieved “symbol grounding” ; the ability | to know | what symbols, words or concepts // really “mean.”

後ろにis(＝V) があるのでOne major objection to the claim「その主張に対する1つの主要な反論」が主語S。the claim＝the Turing testである。次のthat節以降が

One major objectionの内容なので補語C。passing the test(＝S) is(＝V) no guarantee(＝C) は「チューリングテストにパスすることはまったく保証することにならない」という意味。

no guarantee | that ...のthat以下はguarantee(保証) という名詞を説明する部分だとわかる。ちなみに、日本語の出演料を意味する「ギャラ」はこのguaranteeに由来する。時間を拘束されることの「保証」としてお金が支払われるわけだ。that以降は、an AI(＝S) has achieved(＝V) “symbol grounding”(＝O) である。groundは「地面」という意味だが、groundingは「基礎学力」という意味。よって、“symbol grounding”は「記号や象徴などのシンボルを扱う基礎学力」を表しているのではないかとこの時点では考えられる。

このように理解しにくい表現がある場合、筆者による補足があることが多い。ここでは、“symbol grounding”の直後にセミコロン (;) があり、詳しい補足説明が続いている。the ability | to knowは「知る能力」で、knowの目的語がwhat 〈symbols, words or concepts〉 // really “mean”。〈symbols, words or concepts〉「象徴や語句、概念」が等位接続詞orで接続されたSである。

つまり、「記号の基礎学力」とは、記号や語句、概念が本当に何を「意味している」のかを知る能力のことである。

②この (チューリングの予測は達成されたという) 主張に関する主要な反論の1つは、チューリングテストにパスすることは、「記号の基礎学力」、すなわち、記号や語句や概念が本当に何を「意味しているか」を知ることのできる能力をAIが持っていることの保証にまったくなっていないということである。

③ (1)In the early 1980’s, / the philosopher John Searle proposed a thought experiment | called ▲ the ‘Chinese Room’ to illustrate this point.

In the early 1980’s「1980年代初頭に」、the philosopher John Searle(＝S) proposed(＝V)「哲学者のジョン・サールが提起したことは」、a thought experiment (＝O)「ある思考実験だった」。思考実験とは、実際に実験室で実験をするのではなく、頭の中で条件を想定して考えるということである。

a thought experiment | called ...のcalled以下は名詞句a thought experimentを説明する過去分詞の形容詞用法。a thought experiment | called ▲ the 'Chinese Room'で「'中国語の部屋'と呼ばれる思考実験」ということになる。call＋O＋CのOが欠落していることに注意。to illustrate this point「この点を説明するために」。illustrate「〜を説明する」、this pointは②の内容、すなわち、「チューリングテストにパスすることがsymbol grounding(記号の基礎学力)を持っていることにはならない」ということを指している。

③1980年代初頭に、哲学者のジョン・サールが提起したのは、この点を説明するための「中国語の部屋」という思考実験であった。

さて、設問Cの論述問題は、「Chinese Roomの実験のどのような点がTuring testの欠点を示しているのか」という問いなので、③の文の後に登場すると予測されるChinese Roomの内容をきちんと読み取る必要がある。

④ Imagine a man in a sealed room, to whom written questions are passed through a slot.

ImagineというVから始まっているので「〜だとしよう」という条件を設定する文であることがわかる。a man in a sealed roomがimagineの目的語O。sealedは「密閉された」という意味なので気をつけよう。日本語で「シール」というと何かに貼るものだが、なんのためにシールを貼るのかというと、それは密閉をするためだ。したがって、a sealed roomは窓などがない密室という意味になる。よって、Imagine a man in a sealed roomは「密室に1人の男がいるとしよう」となる。

次のto whomはa manを受ける関係代名詞。ここでは「その人に」と処理しておく。written questions(＝S) are passed(＝V) で「紙に書いた質問が渡される」。through a slotは「投入口を通して」。男性がいるのはa sealed room「密室」でその部屋に投入口があって、そこから紙に書かれた質問が渡されるわけだ。想像できただろうか。

④密室に1人の男がいるとしよう。そして彼には部屋にある投入口から紙に書かれた質問が渡される。

⑤ The questions are in Chinese, / which the man cannot understand, / but he has a giant book of grammar rules | that allows him to process the questions and write answers in Chinese.

The questions are in Chinese「その問題は中国語で書かれている」。ここではinに注目。すると、inの前にwrittenが省略されているとわかる。which the man cannot understand「それ（=中国語）をその人は理解できない」のwhichはChineseを指す。understandの目的語がないので、whichは目的格。

等位接続詞butの後ろはhe(=S) has(=V) a giant book of grammar rules(=O)「しかし、彼は分厚い（中国語の）文法書を持っていて」というSVOの文が続いている。that allows him to process the questions and write answers in Chineseは、thatの後ろのallowsの三単現のsに注意。この関係代名詞thatはgrammar rulesという複数形の名詞を説明しているのでなく、単数形の名詞a giant bookを説明しているとわかる。

that allows him to 〜「その本のおかげで彼は〜ができる」はallow＋O＋to不定詞の形。to不定詞の部分は、to process the questions and write answers in Chinese。andがtoに続く2つの動詞をつないでいる。

⑤その問題は中国語で書かれていて、男は中国語を理解できないが、分厚い中国語の文法書を持っており、そのおかげで彼はその質問を処理し、中国語で答えを書くことができる。

⑥ To the people | receiving the response, / it would appear | that he can understand Chinese, / but in fact, he has no such comprehension.

To the peopleは前置詞Toから始まるので前置詞句。peopleという集合名詞に定冠詞theが付いているので後ろに修飾が続くことを予測。receiving the response「その応答（=密室の男からの答え）を受け取った」はthe peopleを修飾する現在分詞の形容詞用法。

it would appear that 〜「ひょっとしたら〜に見えるだろう」は【POINT 6】を参照。本文においては、it would appear that 〜, but in fact, ... という対応に注目。

it would appear that (事実らしく見えること), but in fact(事実)

it would appear thatの後ろのhe can understand Chinese「彼は中国語を理解できる」はあくまで「事実らしく見えること」で、but in fact「しかし、実際には」の後ろのhe has no such comprehension「彼にはそのような理解（=中国語を理解できること）はない」が「事実」である。

⑥この応答を受け取った人たちにすれば、密室の男は中国語を理解しているように見えるだろうが、しかし、実際には、まったくそのようなことはないのである。

さて、ここまで読んで設問Cを検討しよう。みなさんが説明しなければならないことは、「Chinese Roomの実験のどのような点がTuring testの欠点を示しているのか」という点である。

まず、Turing testは、「スクリーン上でAIと人間がチャットをして、人間がAIではなく他の人間とチャットをしていると思えば、そのAIは人間並みの知性を持っている」と判定できるというものだった（第2段落参照）。

サールのChinese roomの思考実験では、密室に中国語を一切理解しない男がいて、小さな投入口から中国語で書かれた質問を渡される。密室の男は中国語の文法書を駆使してなんとかその質問に対する答えを紙に書いて投入口に返す。男は中国語を理解していないままだが、傍目（はため）には密室の男は中国語を理解できているように見える、というものだ。

サールのChinese roomの密室にいる男は、チューリングテストのAIの比喩となっていることに気づいたであろうか。つまり、表面上は会話が成立しているように見えても、AI（あるいは密室の男）がその内容を理解しているとは限らない。これが、サールが「中国語の部屋」で示したかったチューリングテストの欠点である。

設問C　解答例

「中国語の部屋」で密室の男が中国語を理解していないにも関わらず、はたから見ると中国語の質問にきちんと答えることができているように見えるのと同様に、AIが人とのチャットを自然に行うことができてチューリングテストにパスしたとしても、AIがその会話の内容を理解する知性を持っていることを証明していることにはならないことがチューリングテストの欠点である。

▶ 解答のポイント

「中国語の部屋」の事例からチューリングテストの欠点を説明することが重要である。次の対応をきちんと理解していることが伝わるように解答を構成しよう。

	中国語の部屋byサール	チューリングテスト
	「密室の男」	AI
	紙での中国語のやりとり	スクリーン上のチャット
（欠点）	男が中国語を理解できているかは不明	AIに人間並みの知性があるかは不明

さらに、第7段落の①の文「チューリングテストにパスできたということが思考できるということになるのだろうか？」という問題提起と設問Cが関連していることにも注意しておこう。

マクロの視点▶第7段落の要点

チューリングテストにパスすることは果たしてAIが思考できることを証明するのか？
→No!　そうとは言えない。（反証例）サールの「中国語の部屋」

▶ 第8段落

① This is just one of the (　5　) — and maybe unsolvable — issues facing AI and the wider field of the study of consciousness.

This(=S) is(=V) just one of the (　5　) — and maybe unsolvable — issues(=C)の形。主語のthisが指している内容は第7段落で提起された「AIには知性があると言えるのか？」ということだ。

さてここで、the（ 5 ）— and maybe unsolvable — issuesの定冠詞theには名詞issuesが対応している。したがって、（ 5 ）に入るのは形容詞で、等位接続詞andが（ 5 ）とunsolvableを並置しているので、unsolvableと近い意味の形容詞を選べばよい。

設問Aの（5）の選択肢は、(ア)changing(変わりゆく)、(イ)concluding(結びの)、(ウ)easy(容易な)、(エ)tough(手ごわい）なので、unsolvable(解決できない）に近い意味の（エ）が正解。

This is just one of the (tough) — and maybe unsolvable — issues「これは手強く、ひょっとすると解決できない問題の1つにすぎない」。次のfacing AI and the wider field of the study of consciousness「AIとより広い意識研究の分野が直面している」は名詞issuesを説明する形容詞句。

①この問題はAIやより広い意識研究の分野が直面している、手ごわくひょっとすると解決不可能な問題のほんの一例にすぎない。

①の文にjustがあるので、この後の文でさらに「手強く、解決不可能かもしれない問題」が出てくると予測することは大切だ。justのような副詞の機能も見落とさないようにしたい。

② A related issue is | whether desires, emotions or intentions | "programmed" into AIs // mean the same as our desires and intentions.

A related issue(＝S) is(＝V)「関連する問題は」。①の文にjustがあったので、別の難問が提示されるのではと予測した。その予測が見事に当たったわけだ。the tough — and maybe unsolvable issuesの別の難問が、whether以下で示される。

desires, emotions or intentions | "programmed" into AIsのdesires, emotions or intentions「欲望、感情、あるいは意図」はorによって接続された名詞。"programmed"▲ into AIs「AIにプログラムされた」はprogrammedの後ろに目的語がないので過去分詞。つまり、desires, emotions or intentionsの説明部分だ。ここまでがwhether節のSで、meanがV、the same as our desires and intentions「私た

ち（＝人間）の欲望や意図と同じもの」がOとなっている。

②これに関連する問題は、AIにプログラムされた欲望や感情や意図は人間の欲望や意図と同等のものなのかというものである。

③ For instance, ／ consider a thermostat, a device | that turns electric devices | such as air-conditioners on and off ／ to keep the temperature at a set level.

For instanceは「たとえば」。consider(＝V) a thermostat(＝O) は「サーモスタットを考えてみよう」という命令文。次のカンマ（,）は「同格」を表している。つまり、a device | that ... はサーモスタットの説明だ。that turns electric devices | such as air-conditioners on and offはturn ～ on and off「スイッチを入れたり、切ったりする」に注意。この動詞の目的語はelectric devices | such as air-conditioners「エアコンのような電化製品」ということになる。最後のto keep the temperature at a set levelは「温度を設定水準に保つために」という意味。

③たとえば、サーモスタットを考えてみよう。サーモスタットとは、設定水準に温度を保つために、エアコンのような電化製品のスイッチを入れたり切ったりする装置だ。

④ Does the thermostat "want" to keep your living room temperature at 26°C?

Does the thermostat "want"「サーモスタットは欲しているのか」はV＋Sの疑問文。to keep your living room temperature at 26°Cで「居間の温度を26度に保つことを」という意味。

④サーモスタットは居間の温度を26度に保つことを「欲して」いるのだろうか？

⑤ It may sound crazy ／ to claim | that it does, ／ but unless we can give a clear (6) of what it means to want something, ／ who is to say otherwise?

It(＝S) may sound (＝V) crazy(＝C)「それはおかしく思われるかもしれない」。Sのitはto claimを指す形式主語。may sound「～のように思われるかもしれない」は後に逆接の接続詞が登場することを意識しておく。

may 〜, but ...

may 〜で「譲歩」(=自分の主張と異なる考えに配慮をすること)し、butをはじめとする逆接の接続詞の後の文で自分の主張を示す。よって、逆接の接続詞の後が重要。

to claim | that ... は「…と主張する」、it doesは④の疑問文に対応していて「サーモスタットが、居間を26℃に保つことを欲している」ということを意味する。

butの後は主張が続くので注意。unless we can give a clear (6) of what it means to want somethingのunless(〜しない限り)は従属接続詞。その後にwe(=S) can give(=V) a clear (6) of what it means to want something(=O)の形になっている。

ofに続くwhat it meansのitはto want something(何かを欲すること)を指す形式主語。よって、「何かを欲するということは何を意味しているのか」の意味となる。この部分をヒントに(6)の選択肢を見てみよう。(ア)definition(定義)、(イ)negation(否定)、(ウ)observation(観察/意見)、(エ)suggestion(提案)のうちof以下とうまくつながるのは(ア)。

who is to say otherwise?「誰がそうではないと言えるだろうか?」はbe + to不定詞に注意。ここでは「言うことができる」という意味になる。続くsay otherwiseは「そうではないと言う」という意味になる。なお、〜wiseはwaysが変化したものとされる。otherwise「別のやり方で」→「そうではない/さもないと/それ以外で」と考えるとよいだろう。who is to say otherwise?は修辞疑問文(漢文で言うところの反語)であり、「誰がそうではないと言えるだろうか?」は、実際には「誰もそうでないとは言えないだろう」ということを意味している。なお、be + to不定詞に関しては【POINT 10】にまとめておいたので確認しておこう。

POINT 10

be＋to不定詞の用法

beは「必然」、to不定詞は「これからすること」を表すので、be＋to不定詞で「これから～することになる」という意味になる。「（確実な）予定」、「運命」、「可能」、「義務」などの意味になる。

例）

（確実な）予定や運命

・He is to marry her.

「彼は彼女と結婚することになる。」

＊be going to不定詞よりも強い表現。

可能

・Her wallet was never to be found.

「彼女の財布は二度と見つからなかった。」

＊be動詞の過去形wasにnever＋to be foundという不定詞の否定形が付いた形。

＊be able to不定詞よりも強い表現。

義務

・You are to pay the bill.

「君がその勘定を払うべきだ。」

＊「まだ払ってないが払わなければならない」という意味。

⑤実はそうだと主張したらどうかしていると思われるかもしれないが、何かを欲するということがどんなことを意味するのかをはっきり定義できない限り、誰がそうではないと言えるだろうか？

マクロの視点 ▶ 第8段落の要点

機械が意図や欲望を持つとはどのようなことを言うのか、定義が存在しない。

（例）サーモスタットが「欲する」とは？

マクロの視点 ▶ 段落間の流れ

第1段落 ▶ 問題提起：「機械は思考できるか？」

第2段落 ▶ チューリングテスト：第1段落で提起された問題を再設定
「スクリーン上のチャットで人間が機械を人間だと勘違いできるレベルならば、そのAIは知性があると言える」→チューリングの予想：2000年までには可能

第3段落・第4段落 ▶ AI（人工知能）の誕生と発展
→専門家はチューリングテスト突破の実現はすぐだと予測

第5段落 ▶ コンピューターの発展とAIの停滞
1997年　AIがチェスのグランドマスターを破ることには成功。（チェスという部分的な知性）

第6段落 ▶ 2014年　チューリングテストを突破したと評されるAIの登場
→批判が多く、成功例としては認められていない。

第7段落 ▶ 「チューリングテストにパスする＝AIが思考できる」なのか？
より根源的な問題提起。起承転結の「転」
反証：サールの思考実験「中国語の部屋」→チューリングテストの欠陥
問題の核心は、「思考するとは何か？」へ

第8段落 ▶ 機械は感情や意識、欲望を持つか？
あらかじめ機械にプログラムした欲望や意図は、人間の欲望や意図と同じものなのか？
「欲望」を持つということの明確な定義が必要

英文全体の流れを押さえたところで、設問Dに進もう。本文の内容とは一致しないものを2つ選ぶ問題である。

(ア) Turning thought | that it was pointless to make arguments / over whether a machine could think.（チューリングが考えたことは、機械が思考できるかということを議論するのは無意味であるということだった）。→第1段落②、③より正しい。

(イ) The very first form of AI came out ／ just before the tragic death of Turing.（AIの世界第1号が登場したのは、チューリングの悲劇的な死の直前であった）。

→第3段落②よりチューリングの死は1954年。世界初のAIは2年後の1956年に誕生している。世界初のAIが登場したのはチューリングの死の前ではなく、チューリングの死後なので、英文の内容に不一致。

(ウ) Turing's prediction about ｜ how soon the Turing test would be passed ／／ was correct.（いつごろチューリングテストにパスするのかというチューリングの予言は正しかった。）

→第2段落④より、チューリングの予言は「2000年までに」というものだったのに対し、第5段落①より、チューリングテストにパスしたとされるAIの登場は2014年。よって、英文の内容に不一致。

(エ) Many of the goals ｜ that were expected of AI ／／ have not been accomplished.（AIに期待された目標の多くは未達のままである。）

→第5段落③の内容に一致。

(オ) One issue ｜ concerning AI ／／ seems to be ｜ whether AI has desires, emotions and intentions.（AIに関する1つの問題は、AIが欲望や感情や意図を持つかどうかというものであるようだ。）

→第8段落の内容に一致。

以上より、正解は（イ）、（ウ）。

解答

A (1) ウ (2) エ (3) ウ (4) イ (5) エ (6) ア

B (a) ア (b) ア (c) ア

C 【解答例】「中国語の部屋」で密室の男が中国語を理解していないにも関わらず、はたから見ると中国語の質問にきちんと答えることができているように見えるのと同様に、AIが人とのチャットを自然に行うことができてチューリングテストにパスしたとしても、AIがその会話の内容を理解する知性を持っていることを証明していることにはならないことがチューリングテストの欠点である。

D (イ)、(ウ)

1950年、イギリス人の数学者でありコンピューター科学の先駆者でもあったアラン・チューリングは、「機械は思考できるのか?」という問いに対する論文を書いた。そんな問題は「無意味すぎて議論に値しない」と彼は即答した。

その代わり、チューリングが提起したテストは、機械に知性があるように見えるかどうかというもので、「イミテーション・ゲーム」と呼ばれた。現在では「チューリングテスト」として知られるものである。チューリングの主張は、もしある機械がスクリーン上の文字を介して会話をして、人間に自分が別の人と会話をしていると思わせることができたとしたら、その機械には知性があると考えられるだろうということだった。チューリングテストにパスすることは、チューリング自身が2000年までに達成されるだろうと予測した画期的な出来事ではあるが、認知心理学とコンピューター科学が交差する分野である、人工知能の主要な目標の1つであった。

人工知能はコンピューターというすばらしく新しい分野におけるチューリングや他の研究者の研究から発展してきた。第二次世界大戦後、チューリングは世界初の電子デジタルコンピューターの開発に貢献するが、悲劇的なことに、彼は1954年に自殺してしまう。それは世界初の人工知能コンピュータープログラムが誕生する2年前であった。1956年に、アメリカ人研究者のアラン・ニューウェル、J.C.ショー、ハーバート・サイモンが披露したのは、「ロジック・セオリスト」という人工知能であり、これは自分で基本的な論理式を決定できることを示しただけでなく、既知の証明より良い証明を思いつくことすらあった。同年、ニューハンプシャー州ハノーバーにあるダートマス・カレッジでの会議で初めて「AI」という用語が使用され、人工知能という分野が正式に誕生したのであった。

「ロジック・セオリスト」が成功したことで、AIが早期に発展するということに関して極端に楽観的な見通しが生じた。アラン・ニューウェルは、「10年以内に、デジタルコンピューターは、ルールが大会からコンピューターを禁止しない限り、チェスの世界チャンピオンになるだろう」と予測した。一方で、MITの認知科学者マーヴィン・ミンスキーは、「1世代以内に…『人工知能』を創り出すという問題は実質的に解決しているだろう」と宣言した。

コンピューター科学の急速な進歩によって、AI研究者の自信は一切揺らぐことはなかった。そして、すでに1960年代には、科学者ハーバート・サイモンが、20年以内にAIは人間の知性を追い越すだろうと予言していた。常にコンピューターの性能が増大することで、より複雑なプログラムを走らせることができた。そうしたプログラムの中には、人間のチェスのグランドマスターを倒すというような難題にも盛りこまれていた。しかしながら、このような期待にもかかわらず、1997年になって初めて、この偉業は達成された。そして、

AIに関するその他の希望的観測の多くは現在も未達のままである。

2014年に、チューリングテストに関する彼の予言は、ようやく成就したように思われた（実現時期が10年以上遅れたことを除けば）のは、「ユージン・グーツマン」という名のロボットがチューリングテストにパスしたと言われた時であった。しかしながら、ロボットが判定人の3分の1しか騙(だま)せなかったことで、この主張は物議を醸している。そして、このロボットがたどたどしい英語を話す13歳のウクライナ人という設定だったことによってチューリングテストは「不正に実施された」と批判されている。

たとえ、あるAIがチューリングテストにパスすることができたとしても、このことがそのAIが思考できることを意味するのであろうか？　この（チューリングの予測は達成されたという）主張に関する主要な反論の1つは、チューリングテストにパスすることは、「記号の基礎学力」、すなわち、記号や語句や概念が本当に何を「意味している」かを知ることのできる能力をAIが持っていることの保証にまったくなっていないということである。1980年代初頭に、哲学者のジョン・サールが提起したのは、この点を説明するための「中国語の部屋」という思考実験であった。密室に1人の男がいるとしよう。そして彼には部屋にある投入口から紙に書かれた質問が渡される。その問題は中国語で書かれていて、男は中国語を理解できないが、分厚い中国語の文法書を持っており、そのおかげで彼はその質問を処理し、中国語で答えを書くことができる。この応答を受け取った人たちにすれば、密室の男は中国語を理解しているように見えるだろうが、しかし、実際には、彼はまったくそのような理解力はないのである。

この問題はAIや意識を研究するより広い分野が直面している、手ごわくひょっとすると解決不可能な問題のほんの一例にすぎない。これに関連する問題は、AIにプログラムされた欲望や感情や意図は人間の欲望や意図と同等のものなのかというものである。たとえば、サーモスタットを考えてみよう。サーモスタットとは、設定水準に温度を保つために、エアコンのような電化製品のスイッチを入れたり切ったりする装置だ。サーモスタットは居間を26度に保つことを果たして「欲して」いるのだろうか？　実はそうだと主張したらどうかしていると思われるかもしれないが、何かを欲するということがどんなことを意味するのかをはっきり定義できない限り、誰がそうではないと言えるだろうか？

第6講

AIの進化と倫理

知ると差がつく教養ポイント

AIが現在の仕事の大半に取って代わるという話を聞いたことがある人は多いだろう。その話の真偽は別として、日常生活にAIがますます浸透してくることは事実である。現在すでに日本でも、ロボットの従業員がほとんどの業務を行ってくれる「変なホテル」(https://www.hennnahotel.com) というホテルが存在する。

人間が社会で生活するうえで守らなければならないルールや、善悪の基準を考察し、その背景にある人間の行為全般が「倫理」であり、それに関して哲学的に考察するのが倫理学である。高校の「倫理」という科目を勉強している人もいるかもしれない。

人間の「死」と「生」は何かという問題を扱うのが生命倫理である。脳死 (brain death)、臓器移植 (organ transplantation)、出生前診断 (prenatal diagnosis)、人工中絶 (abortion) などがテーマの英文も入試では頻出だ。次章で取り上げる環境倫理も入試頻出テーマの1つだ。

さて、AIやそれを搭載したロボットなどが社会生活にますます入り込んできたときに、人間との関わり合いはどうなるのか？　たとえば、事故を事前に察知するという性能を持った自動運転車が事故を起こした場合、責任の所在はどこにあるのか？ ますます、人間とロボットの関わり合いとそこで生じる問題に関して、倫理が重要になってくるだろう。この講では、人間とAIとの関係についての倫理的な問題を扱う。今後出題の増加が予想されるテーマの1つだろう。それでは教養ポイントを見ていこう。

教養ポイント(1) ／ 人間機械論と心身二元論

- ロボットやアンドロイド、ヒューマノイドが登場する背景には大きく2つの流れがある。1つは人間の労働力を機械で置き換え、より効率的な労働をさせようという実用的な流れであり、もう1つは、純粋に人間に似せた機械を作りたいという流れである。前者は人間の代わりに「仕事」をさせることがロボット開発の目的で、多くの産業用ロボットはこの流れにある。後者は人間に似せた機械自体を開発すること自体が目的で、アンドロイドやヒューマノイドの開発はこの流れにある。
- 後者においてまず大切なことは、「生物や人間を機械で再現することができる」という思想である。生物の捉え方として代表的なものは、「機械論」(mechanism)と「生気論」(vitalism)である。「機械論」は、生物を機械と捉え、個別の要素に分解できるという思想である。つまり、生命体は物質の寄せ集めであり、それに還元できるという還元主義である。それに対し「生気論」は、生物には個別の要素に還元することのできない、霊魂や精神のようなものが備わっているという考え方である。
- 人間以外の動物は「機械」であるということを最初にまとまった形で示したのはデカルトである。動物は複雑な機械であり、動物と人間の違いは精神作用にあるとデカルトは考えた。つまり、人間には心(=精神作用)と身体(=生理機能)があり、人間にしかない精神作用の方が重要であると彼は考えたのだ。いわゆる「心身二元論」の立場を取ったのである。「心技体」や「心身統一」など、心と身体の一体性を重視する東洋的思考とはだいぶ異なる考え方である。

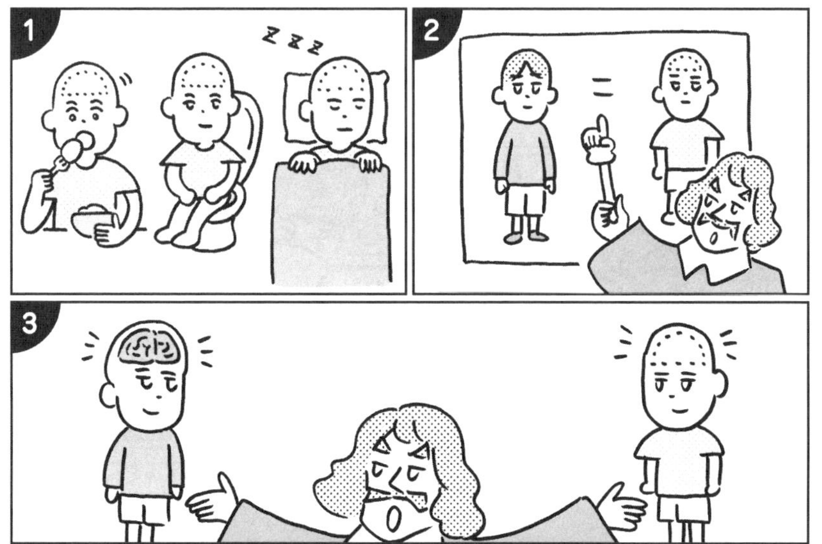

教養ポイント(2) ／ ラ・メトリと臓器移植・脳死

- 心身二元論はプラトン以来西洋思想に通底するものであった。この立場は、精神作用こそが人間にとって重要なものであるとする立場でもある。つまり、「心＞身」なのだ。医療における「臓器移植」(transplant)も、人間の本質は精神作用にあるとする心身二元論が大きく影響している。ある人の臓器を別の人の身体に移植できるのは、臓器自体が「モノ」として考えられているからだ。
- また、脳死(brain death)という概念も、心身二元論が大きく影響している。言うまでもなく、人間において精神作用を司る器官は脳である。脳が損傷を起こして、精神作用が「死んでしまった」場合、その人間は「死」を迎えたと考えるのである。この脳死の登場も、臓器移植への道を大きく拡大した。(＊映画「HEART」(1998)：脳死判定によって、一人息子の心臓が富裕層に移植される。その心臓を取り返しに行くシングルマザーの物語)
- 一方で、人間の精神作用も含めて全て機械で再現できるという思想も現れた。1748年フランスのラ・メトリは『人間機械論』を著し、精神作用を含め、人間の全てを自動機械にできるという説を唱えた。ロボット開発への大きな一歩である。

教養ポイント(3) ／ ロボットの誕生と進化、AI

- 1920年、チェコ・スロヴァキア（当時）の小説家カレル・チャペックが発表した戯曲の中で「ロボット」という語が初めて使われた。人間の代わりに仕事をする機械人間を表す「人造人間」という意味だった。
- オートメーション化によって、産業用ロボットが普及する。これは人間の代わりに各種の作業を反復して行う機械を指す。これらのロボットは人間とは似ても似つかない外見であることが多い。このため、「人造人間」という意味でのロボットは「ヒューマノイド」や「アンドロイド」へと進化していく。こちらには必ずAIが搭載される。
- 「ヒューマノイド」は人間型ロボットのことで、ロボットの外見が人間に似ているものを言う。つまり、外見が機械然としていても、頭・首・胴体・手足が存在するものは「ヒューマノイド」ということになる。ソフトバンクのペッパーやホンダのASIMOは、ぱっと見で生身の人間でないことはわかる。しかし、人に似せた機械であるので、「ヒューマノイド」ということになる。
- これに対して、「アンドロイド」はその外見も人間に似せたロボットということになる。アニメやSFに出てくる人型ロボットは圧倒的にアンドロイドであることが多い。ヒューマノイドやアンドロイドが社会に進出してくると、人間とこれらの人型ロボットとの間にもルールが必要となる。

教養ポイント（4）／エチケットから倫理へ

- エチケットとは礼儀作法を意味するが、主に対人関係での配慮という意味で使われることが多い。それに対し、倫理とは人間が取るべき行動の規範のことである。どのように振る舞い、行動するのが正しいのかというルールの集合体を意味する。
- インターネット上のメールやSNSなどでの対人コミュニケーションにおけるエチケットは、「ネチケット」（＝ネット＋エチケット）という造語で表されていた。しかし、その匿名性のために、SNSの誹謗中傷は悪質かつ執拗になっている。学校裏サイトにおけるイジメや誹謗中傷などもその一例である。SNSでの誹謗中傷によって自死に追い込まれるという最悪のケースも出てきている。対策が望まれるが、SNSの爆発的な普及とそこで流通する圧倒的な情報量のために、運営会社なども全てのメッセージをチェックできないのが現状である。
- SNS上の言動については、「やってはいけないこと」に関する行動規範が形成され、それに基づく法整備も進んできている。しかし、これはSNSを介した人間間の倫理の問題である。今後ますます普及してくるAIやロボットと人間との関係においてどのような倫理が求められるのだろうか。

教養ポイント（5）／倫理と責任

▶ 教養ポイント（4）で述べたネット空間上のSNSにおけるトラブルは、インターネットを介した人間どうしのトラブルであり、メッセージを発信した個人がその責任を問われる。裁判でも問題となるメッセージの発信者が責任の主体となっている。倫理や法律を考えていく場合、責任の所在がとても重要である。

▶ しかし、今後AIやロボットが日常生活にますます浸透してきた場合、責任の所在はどこにあるのだろうか？　たとえば、現在話題となっている自動車の自動運転システムを考えてみよう。危険を察知して運転者や搭乗者を危険から守るはずの自動運転システムが何かしらの原因で交通事故を起こしてしまったとする。この場合、責任を取るべき主体は、自動車の運転者なのだろうか、それとも自動車会社なのだろうか？

▶ 人間とロボットとの関係で生じた問題については、誰がどのように責任を取るのかということが不明瞭で、明確なルールや倫理が確立していないのが現状である。またロボットが進化し、より人間に近づいたときに、人間がそのロボットに対してどのように振舞うことが倫理的に適切なのか、そのルールやエチケットは確立していない。

オススメ映画

AIの暴走に関する映画

・「イーグル・アイ」
https://youtu.be/M0ARfxWMlBk

・「AI崩壊」…こちらは邦画だが、イーグル・アイと問題点は似ている。

このテーマで出題された!

大学	学部	年度	出題テーマ
慶応大学	環境情報学部〔1〕	2017年	自動運転車両と倫理的ジレンマ
慶応大学	医学部〔2〕	2020年	自動運転に関する倫理問題

実戦編

これから出題が増加していくと想定される分野である。それでは問題を解いてみよう。

問題 Read the passage and answer the questions below with the correct corresponding number.

Humans creating life (1)in their own image is a fundamental principle of the realm of fiction. And until recently, such imaginings have stayed there. But today, more and more sophisticated robots are graduating from the entertainment domain into increasingly realistic, intelligent beings. Take the famous human imitations of Professor Hiroshi Ishiguro from Osaka University, Japan. Or the performing androids from the Engineered Arts company in the UK, or Sophia, the humanoid robot without a scalp from the Hong Kong-based Hanson Robotics company. They're all so entrancing, it's easy to forget how many ethical problems there could be.

Surprising social problems will come (A) realistic humanoid robots. These robots might work the front desk of hotels, or (2)stand in for us at the office, or live with us as companions.

Google ran into an early indication of those problems last month, when it debuted Duplex, its voice assistant powered by AI. Duplex is realistic enough to fool humans into thinking it's human — and it turns out people don't like being tricked. Google was forced to clarify that Duplex would introduce itself first as an AI, which kind of defeats the purpose of making a realistic voice assistant in the first place, (3)but whatever.

Ethical stumbles like this can challenge the developing relationship between humans and *physical* machines, too. Take ElliQ, a robot designed by the Intuition Robotics company in Israel, which reminds the elderly to stay active while acting as a window into their family's social media communications. ElliQ's designers went out of their way to remind the user they're talking to a robot. "The voice, we say, has a robotic accent, so we're not trying to hide that in a voice that sounds human," says Dor Skuler, the managing director of Intuition Robotics.

ElliQ kind of looks like it has a head, but it doesn't have eyes. A bit disturbing? Maybe. But it was a conscious choice by Intuition Robotics, because humans tend to assign a sense of self to pretty much anything with eyes. For Skuler, convincing a user that an AI or humanoid robot is human is a dangerous game. "I think it creates the wrong expectation of the experience," he says. "I don't think we want to live in a world where an AI pretends to be human and tries to lead you down a path where you believe you're talking to a real person, and feel these feelings or emotions."

(4)Which is not to say we can, or should, stop humans from forming relationships with machines. That's inevitable. In fact, even in trials with an early home robot like ElliQ, users see the robot as a "new entity in their lives," Skuler says, rather than as a device. To be sure, they know full well it's just a machine — "and yet, there is a sense of gratitude for having something with them to keep them company," Skuler says.

All this from a very early and relatively simple companion robot. Just imagine the bonds that we'll form with far more advanced machines. Say 50 years from now we've got realistic humanoid robots walking among us. They move a bit weirdly still, their facial expressions are a bit stiff still, so they reveal themselves as machines. This journey into the humanoid robot future will take us straight through what is known as the uncanny valley, where uneasy sensations arise in us when viewing a robot that is almost human, but not quite there.

But imagine now it's 100 years in the future, and you're in a colleague's office talking about some reports. As you're getting up to leave, your teammate says goodbye, then goodbye again, then again. You've been talking not to a human, (　B　) a convincing representative robot, and it's glitching. You feel relieved to have cleared up the report business, but you also feel cheated.

What you needed from the very beginning was a declaration. "I would have the robot say, 'By the way, Matt, I'm an AI,'" says Julie Carpenter, a researcher who studies human-robot interaction. "Or, 'Julie is actually at home, and she's operating me from there.'" In those imagined scenarios, the robot *discloses* itself as a robot, just as Google's new voice assistant does. You might even say that the robot would have an ethical requirement to do so, even if it (　C　) the illusion to some degree.

Those future ethical codes will likely vary country by country. "If you had a robot that maybe had some childlike qualities, perhaps in a shopping mall in Japan, people might find that very engaging," says Carpenter. "If you had a robot with similar qualities in a shopping mall in the United States, people might find that irritating." Developers will have to consider cultural context when they design interactions between humans and their robotic counterparts.

And they'll have to adapt to changing perspectives on those interactions, as new generations of robotic natives are born. "Children that grow up in this world with robots are going to shape how society at large interacts with robots," says Carpenter. "It's really the children that we need to watch to see what is going to be normal for them and what new norms of behaviors they are bringing into that culture."

Ideally those norms won't include treating humanoid robots (D). But if you *do* know that certain androids are in fact androids — they've revealed themselves to you — might it be tempting (5) <u>to walk all over them</u>? Might the bonds we form with our creations be more along the lines of servitude than affection? "Humans are great at developing social categories," Carpenter says. "I treat you differently than I might treat my dentist. We go throughout our day modifying our social interactions for who we're interacting with." It's not hard to see a future, then, where different types of robots get different levels of respect and affection. Your home humanoid robot is a beloved companion, while you can treat the front-desk humanoid robot with a bit less respect because, well, it doesn't have feelings in its brain, just ones and zeroes.

(6)<u>What *didn't* you understand about my request for a non-smoking room, exactly, Mr. Robot?</u>

[Modified from Matt Simon, "We Need to Talk About Robots Trying to Pass as Humans," 2018]

（埼玉大）

Q.1. The underlined section numbered (1), "in their own image," is closest in meaning to:

1. looking and acting like human beings
2. looking and acting like robots
3. being similar to other living things
4. having their own unique appearance
5. being similar to other non-living things

Q.2. Fill in the blank marked (A) with the appropriate words.

1. by
2. about
3. forward
4. between
5. with

Q.3. The underlined section number (2), "stand in for us," does NOT mean:

1. replace us
2. work side by side us
3. fill in for us
4. take over for us
5. act as a substitute for us

Q.4. By inserting the underlined section numbered (3), "but whatever," the author is implying that:

1. it would be better for us to challenge the decision.
2. the reality of computers fooling humans is inevitable.
3. we have to ignore this rather obvious discrepancy.
4. computer-generated voices will sound robotic to some degree.
5. it's natural for AI-powered voice assistants to disclose themselves.

Q.5. The underlined sentence numbered (4), "Which is not to say we can, or should, stop humans from forming relationships with machines," is closest in meaning to:

1. We cannot stop people from developing deep connections with robots.
2. It is not possible for people to develop strong ties with robots.
3. It is not impossible for robots to develop strong ties with people.
4. We should stop robots from developing deep connections with people.
5. We should stop deep connections that develop between robots and humans.

Q.6. Fill in the blank marked (B) with the appropriate word.

1. if
2. or
3. so
4. but
5. and

Q.7. Fill in the blank marked (C) with the appropriate word.

1. sustains
2. ruins
3. assumes
4. enhances
5. anticipates

Q.8. Fill in the blank marked (D) with the appropriate word.

1. honestly
2. carefully
3. consistently
4. badly
5. appropriately

Q.9. The underlined section numbered (5), "to walk all over them," is closest in meaning to:

1. to respect them
2. to exploit them
3. to do them a favor
4. to treat them well
5. to be of service to them

Q.10. What is NOT mentioned in this article about the bonds between human beings and their robotic counterparts?

1. It is inevitable that people will form relationships with machines.
2. Machines may be viewed more like living beings, rather than like devices.
3. The bonds between people and machines are as strong now as they will ever be.
4. Relationships between people and machines will not be based on equality.
5. People can feel a sense of gratitude for having a machine to keep them company.

Q.11. Based on the information provided in the passage, which of the following statements is NOT true?

1. Human beings frequently modify their interactions based on whom they encounter.
2. Realistic real-world androids and humanoid robots are a fairly recent phenomenon.
3. Ethical problems will result from interactions between people and realistic humanoid robots.
4. Developers must consider cultural context when designing interactions between robots and human beings.
5. ElliQ's voice is realistic enough to fool people into thinking that it is a real human being.

Q.12. Based on the information provided in the passage, which of the following statements is true?

1. Google's Duplex voice assistant initially introduced itself as an AI at the beginning of each interaction.
2. Dor Skuler believes that we want to live in a world where an AI pretends to be a real human being.
3. Elderly people take exception to the practice of utilizing robots as companions.
4. Even for a non-living thing, people tend to reason that if it has eyes, it has its own will.
5. The uncanny valley is the situation where we feel a sense of comfort when we see a robot that is a close human imitation.

Q.13. What does the author imply in the final question posed in this article?

1. A robot made an error concerning a hotel reservation and is being treated poorly because of the error and because it is a robot.
2. An android made no error concerning a hotel reservation, however it is not being treated politely, because it is not human.
3. A robot made an error concerning a hotel reservation and is being treated politely regardless of the error or because it is a robot.
4. An android made an error concerning a hotel reservation and is being treated politely despite the error because it is not human.
5. A robot made an error concerning a hotel reservation and is being treated poorly because of the error rather than because it is a robot.

解説

第1段落

---

① Humans creating life (1)in their own image // is a fundamental principle of the realm of fiction.

まずisがVなので、その前のHumans creating life(人間が創り出した生命)/(1)in their own image(自分たちの姿に) がS。creatingは動名詞で、Humansがその主語になっていてtheirがhumansを指しているということ。よって、

Humans creating life in their own image「人間が自らの姿に似せた生命」を創り出すこと
＝ロボットやアンドロイド

ということがわかる。

ここでQ.1「下線部 (1)in their own imageに最も意味的に近いものを選べ」の選択肢は、

1. looking and acting like human beings　人間のように見えるし行動する
2. looking and acting like robots　ロボットのように見えるし行動する
3. being similar to other living things　他の（＝人間以外の）生物に似ている
4. having their own unique appearance　それら独特の外観をしている
5. being similar to other non-living things　他の非生物に似ている

となっている。不正解の選択肢にはその根拠となる部分に下線を引いた。まず選択肢2だが、like robots(ロボットのような) とあるので不適。次に、3と5はbe similar to ～「～と似ている」は問題ないが、other living things(人間以外の生物)、other non-living things(他の非生物) が誤り。最後に4はunique(独自の／独特の) の部分がおかしい。以上より、正解は1。

isの後は補語Cでa fundamental principle(主要な定石)/ of the realm of fiction (フィクションという領域) となっている。つまり、「フィクションという分野ではよく使われる手法の1つ」という意味だ。

①人間が自らの姿に似せた生命体を創り出すことはフィクションという領域でよく使われる手法の１つだ。

② And until recently, ／ such imaginings have stayed there.

And until recently,(そしてつい最近まで)、such imaginings(＝S：そのような想像) have stayed(＝V) の形。such imaginingsは①のHumans creating life in their own imageを指している。最後のthereはa realm of the fiction「フィクションという領域」のこと。

②そしてつい最近まで、そのような想像はフィクションという領域にとどまっていた。

③ But today, ／ more and more sophisticated robots ／／ are graduating from the entertainment domain into increasingly realistic, intelligent beings.

まず、「通時的対比」に注意。②の文のuntil recently「つい最近まで」とBut today「しかし現在」という部分が、異なる時間を対比させている点に注意。

And until recently ←――――→ But today

このような異なる時点における内容の対比を「通時的対比」と呼ぶことにする。英文でよく出てくるので注意しよう。

POINT 1

通時的対比

異なる時点における内容の対比を通時的対比という。

more and more sophisticated robots(＝S：ますます洗練されたロボット)、are graduating(＝V：上の段階に進む)、次のfrom 〜 into ...「〜から…に」に注意。from the entertainment domainは「娯楽の領域から」。ここで、the entertainment domain＝a realm of fictionであることに気づくことができるかどうかは重要。into increasingly realistic, intelligent beingsは「ますます現実的で知的な存在に」という意味。つまり、「ロボットが空想小説の世界から現実のものになった」ということを表している。

③しかし現在では、ますます洗練されたロボットが、（フィクションという）娯楽の領域からますます現実的で知的な存在へと進化している。

④ Take the famous human imitations of Professor Hiroshi Ishiguro from Osaka University, Japan.

命令文Take ～「～を取り上げてみよう」は例示するときの表現。the famous human imitations（有名な人造人間）は定冠詞theに注意。このtheは後ろに追加説明が続くことを意味している。その追加説明は、of Professor Hiroshi Ishiguro（石黒浩教授の）from Osaka University, Japan（日本の大阪大学の）という意味。

④一例として、日本の石黒浩大阪大学教授の有名な人造人間を取り上げてみよう。

⑤ Or the performing androids from the Engineered Arts company in the UK, or Sophia, the humanoid robot without a scalp from the Hong Kong-based Hanson Robotics company.

⑤の文は④の文とつながっていると考える。Or the performing androids（あるいは、動くアンドロイド）のthe performing androidsは④のthe famous human imitationsとOrで接続されているTakeの目的語である。したがって、これも実例である。定冠詞theがあるので、追加説明from the Engineered Arts company in the UK（英国のエンジニアド・アーツ社製の）が続く。

or Sophia（あるいは、ソフィア）も④の文のTakeの目的語である。この後に同格を示すカンマ（,）があるので、the humanoid robot ／ without a scalp「頭皮のないヒューマノイド」はSophiaのことを表す。from the Hong Kong-based Hanson Robotics companyは「香港を拠点とするハンソン社製の」という意味。ちなみに、このSophiaというロボットはサウジアラビアで市民権を得て、世界で初めて市民権を認められたロボットとなった。

【参考URL】
https://www.engineeredarts.co.uk　エンジニアド・アーツ社（Sophia関連）
https://www.businessinsider.jp/post-106516
https://www.businessinsider.jp/post-229312
https://www.youtube.com/watch?v=DbfUG_hpdA8（動画）
※上記HPや動画は予告なく終了することがあります。

⑤あるいは、英国エンジニアド・アーツ社の動くアンドロイドや、香港を拠点とするハンソン・ロボティクス社の頭皮のないヒューマノイド、ソフィアを取り上げてみよう。

⑥ They're all so entrancing,（that） it's easy ／ to forget | how many ethical problems there could be.

They're all so entrancing（それらはあまりにもすばらしいので）。ここで、Theyは文④と⑤のthe famous human imitations、the performing androidsとSophiaを指している。形容詞entrancingは動詞entrance「～をうっとりさせる／狂喜させる」からきている。en-は「～に入る」、tranceは「恍惚状態」という意味。トランスは日本語としても使われている。

その後ろにカンマがあって、it's easyと文が続いているのでso ～ thatのthatが省略されていると考える。it's easy ／ to forget（忘れることは容易だ→容易に忘れてしまう）。forgetの目的語はhow many ethical problems there could be（どれほど多くの倫理的問題が存在しうるのか）となる。ここで、could beが仮定法過去になっていることに注意。まだ現実のものとはなっていないが、というニュアンスである。

⑥こうしたロボットは皆すばらしすぎるので、そこにどれだけの倫理的問題が存在しうるのかを容易に忘れてしまう。

マクロの視点 ▶ 第1段落の要点

「進化したロボットに関してさまざまな倫理的問題が存在する」という問題提起をしている。→この後の段落でmany ethical problemsに関して詳しく説明されると予測できる。

第2段落

① Surprising social problems // will come / (A) realistic humanoid robots.

まず、本文の主語Surprising social problems(思いもよらない社会問題)は、第1段落の⑥文many ethical problemsを言い換えたものであることが理解できただろうか。

そして、述語動詞Vはwill come(生じるだろう)。第5講でも説明したが、comeは「これまでなかったものが生じる」という意味(→【POINT 4】)。ここでQ.2「(A)に入る語を選べ」の選択肢を見る。ここでは、「本物に近いヒューマノイドの登場とともに/登場すれば」という意味にするのが最適。よって、正解は5. with。

①本物に近いヒューマノイドロボットが登場すれば、意外な社会問題が生じるだろう。

② These robots might work the front desk of hotels, or (2)stand in for us at the office, or live with us as companions.

主語はThese robots(=realistic humanoid robots)、助動詞mightは仮定法のニュアンスで「〜するかもしれない」、mightはorで接続されたwork、stand、liveという3つの動詞にかかっている。ここでQ.3の選択肢を見てみよう。1. replace us(私たちの代わりをする)、2. work side by side us(私たちと協力して働く)、3. fill in for us(私たちの代役を務める)、4. take over for us(私たちの仕事を引き継ぐ)、5. act as a substitute for us(私たちの代役を演じる)とある。Q.3は下線部(2)のstand in for 〜は「〜の代理人を務める」という意味だが、本文では職場で「人間と共に働く」と解釈すべきなので、解答は2。ちなみに1、3、5はほぼ同じ意味である。

②このようなロボットがホテルのフロントで働いたり、職場で私たちの代わりを務めたり、同伴者として私たちと一緒に生活したりすることになるかもしれない。

マクロの視点 ▶ 第2段落の要点

人間そっくりのロボットが社会問題を引き起こす恐れがある。ロボットが社会の中に進出するからだ。

＊第１段落の問題提起を受けた起承転結の「承」の部分になっている。

第３段落

① Google ran into an early indication of those problems last month, when it debuted Duplex, its voice assistant | powered by AI.

Google(＝S) ran into(＝V) で「グーグルが出くわしたのは」。続くan early indication of those problems(こうした問題の初期の兆候の１つ) のthose problemsは第2段落①のsurprising social problemsの言い換え。whenは先行詞last monthを先行詞とする関係副詞。it(＝Google) debuted Duplex「グーグルがデュープレックスを初公開した」はSVOとなっている。カンマの後ろはDuplexの追加説明で、its voice assistant(グーグルの音声ガイド)、powered by AI(AIで稼働する) は過去分詞の形容詞用法で、its voice assistantの説明だ。

①グーグルは先月、グーグルがAIで稼働する音声ガイドのデュープレックスをお披露目した際、こうした問題の初期の兆候の１つに出くわした。

この次に、an early indication of those problemsが説明されると予測できる。

② Duplex is realistic | enough to fool humans into thinking it's human — and it turns out | people don't like being tricked.

Duplex is realistic(デュープレックスは本物っぽい) はSVC。enough to fool(騙してしまうくらい十分に) は直前の形容詞realisticを修飾している。fool＋A＋into Bは「Aを騙してBさせる」という意味なので、fool humans into thinking(人間を騙して思わせる) | it's human(それ〈＝デュープレックス〉が人間であると) となる。ダッシュ(—) の後は、it turns out(はっきりしたことは) がSV。その後はpeople(＝S) don't like(＝V) being tricked(＝O) の形で「人は騙されることが好きではない」となる。

②デュープレックスは、人が本物の人間だと思ってしまうほど、本物っぽい。そしてはっきりしたことは、人は騙されたくないということだ。

ここで押さえておきたいのは②の文が、①のan early indication of those problemsを具体的に説明しているということだ。初出でtheが付いている名詞同様、a[an]で始まる名詞が現れたら、後で説明がされるという意識を持ちながら読み進めることが重要だ。

③ Google was forced to clarify | that Duplex would introduce itself first as an AI, which / kind of / defeats the purpose of making a realistic voice assistant / in the first place, (3)but whatever.

Google(=S) was forced to clarify(=V)「グーグルがはっきりさせなければならなくなったことは」。be forced to不定詞は、「force + A + to不定詞 = make + A + 原形(Aに〜させる)」の受動態で、「〜せざるを得ない/〜するはめになる」。

that Duplex would introduce itself first as an AI(デュープレックス自らがAIであることを明かすこと)はclarify(〜を明らかにする)の目的語。次の, which / kind of / defeats the purpose of making a realistic voice assistantの, whichに注意。次のkind of(いくぶん/ちょっと)は副詞句で、defeats(ダメにする/無にする)が関係詞節のVとなる。次のthe purpose of making a realistic voice assistant(人間そっくりの声をした音声ガイドを作るという目的)がdefeatsの目的語なので、この, whichは前文の内容を受けるものだとわかる。in the first placeは「第一に」という意味。

(3)but whateverは「でも、そんなことはどうだっていい」ということ。whateverは間投詞として「別にそんなことはどうだっていい」という意味でも使われる。ここでは、「グーグルがデュープレックスの音声を人間そっくりになるように開発したという目的が台無しになったなんてことはどうでもいい」という意味だ。つまり、「グーグルの開発目的以上に重要なことがある」ということを筆者は示唆しているのだ。

それでは、Q.4の選択肢を見ていこう。

1. it would be better for us to challenge the decision.(この決定に挑戦した方が良い。)
(3)は「そんなことはどうでもいい」という内容なので不適。

2. the reality of computers fooling humans // is inevitable.

（コンピューターが人間を騙すという現実は避けられない。）

＊computersが動名詞foolingの主語になっていることに注意。

本段落のテーマは「ロボットの引き起こす社会問題」の具体例である。そもそも、AIによる音声案内がその事実をきちんと伝えなかったことによって生じた社会問題である。この選択肢が正しいとするとこの英文全体の問題提起自体が不要になってしまうので不適。

3. we have to ignore this rather obvious discrepancy.

（こうしたいくぶん明確な相違点は無視すべきである。）＊discrepancy：相違／食い違い

これはこれで問題だが、これから筆者が検討しようとしている問題から考えると「無視して構わない」問題であるという意味。つまり、人間とロボットの関係についてはもっと考察すべき重要な問題が存在するということだ。よって、正解は3。

4. computer-generated voices will sound robotic to some degree.

（コンピューターが生成する音声はある程度、ロボットっぽく聞こえる。）＊to some degree：ある程度

第3段落②からデュープレックスをAIではなく本物の人間と勘違いした人がかなり存在したということがわかる。よって不適。

5. it's natural / for AI-powered voice assistants to disclose themselves.

（AIが稼働している音声ガイドが自分の身分を明かすことは当然だ。）＊disclose：開示する

「AIが出す音声を人間のものだと勘違いすることはどうでもよい」というのが筆者の意図なので不適。

③グーグルがハッキリさせるハメになったのは、デュープレックス自らがAIであることを明かすことだった。これはある意味、人間そっくりの声をした音声ガイドを作るという、そもそもの目的自体を挫く結果となったわけだ。しかし、そんなことはどうでもいいことである。

マクロの視点 ▶ 第3段落の要点

ロボットが引き起こす社会問題の初期の例→グーグルのAI音声ガイド

▶ 第4段落

① Ethical stumbles like this // can challenge the developing relationship | between humans and *physical* machines, too.

Ethical stumbles like this(=S) // can challenge(=V)「このような倫理的過失が問題にし得ることは」である。stumble「過失／つまずき」という意味。次にchallengeの目的語が続く。the developing relationship「深まっていく関係」、between humans and *physical* machines「人間と実体を持つ機械の間の」。*physical*とイタリック（斜字体）になっているのは強調を表す。第3段落での事例は、デュープレックスというAIが稼働させている音声ガイドだった。ここでは、「(AIによる音声ガイドだけでなく) 形を持ったロボットとの関係でも」という意味なので、physicalがイタリックになっていて、なおかつtooが付いている。

①このような倫理上のつまずきは、人間と実体を持った機械との深まりつつある関係に問題も投げかける。

② Take ElliQ, a robot | designed by the Intuition Robotics company in Israel, / which reminds the elderly to stay active / while acting as a window / into their family's social media communications.

Take ElliQで「エリキューを取り上げよう」。ElliQは大文字から始まるので固有名詞だと予測できる。新情報なので次に説明があるはずだ。ここではa robot以下がその説明になっている。designed by(～によって設計された) はa robotを修飾する過去分詞の形容詞用法。

, whichはa robotを指す関係代名詞。reminds the elderly to stay active(高齢者に元気でいることを思い出してもらう)。remind＋O＋to 不定詞で「Oに～することを思い出させる」の意味。the elderlyはthe＋形容詞「～な人々／～なもの」の形。

POINT 2

the＋形容詞

the＋形容詞＝形容詞＋people ／ things
例）the rich＝rich people

while は接続詞で、acting as ～「～として振る舞う」は分詞構文。acting の意味上の主語は a robot。a window ／ into ～「～につながる窓」、their family's social media communications（家族のソーシャルメディアでのやりとり）ということ。ここで注意しておくことは、communication である。単数形 communication は「意思疎通／コミュニケーション」、複数形 communications は「情報通信」という意味になる。このように単数形と複数形で意味が異なる名詞は入試英語で重要なのでまとめておこう。

POINT 3

単数形と複数形で意味が異なる名詞

{communication「コミュニケーション」
communications「情報通信」

{mean「中央（値）」
means「方法、手段、資力」

{manner「方法」
manners「行儀・作法」

②エリキューを取り上げてみよう。これはイスラエルのインテュイション・ロボティック社製のロボットであり、これを窓口として家族を SNS に誘(いざな)うことで高齢者に元気でいてもらおうというものだ。

③ ElliQ's designers went out of their way ／ to remind the user | they're talking to a robot.

ElliQ's designers（＝S） ／／ went out of their way（＝V）。go out of one's way to 不定詞は「わざわざ～する」という意味の熟語。よって、「エリキューの設計者はわざわざ～した」という意味になる。to remind the user「使用者に思い出させる」、思い出させる内容が次の文 they're talking to a robot「自分たちがロボットと話していること」だ。

③エリキューの設計者は、わざわざユーザーがロボットと話していることを意識するようにした。

④ "The voice, | we say, // has a robotic accent, / so we're not trying to hide that in a voice | that sounds human," says Dor Skuler, the managing director of Intuition Robotics.

The voice, | we say,「弊社のエリキューの発する音声」がS。The voiceが名詞、それを修飾する関係詞節がwe say。このweはインテュイション・ロボティクス社を指す。the voiceは同社の製品であるエリキューの発する音声のこと。has(=V) a robotic accent(=O)「ロボットのような癖がある」。

so we're not trying to hide that(だから、私たちはそれを隠そうとしてはいない)のthatはこれまでの文章の展開から「エリキューがロボットであること」を指している。in a voice | that sounds human「人の声に聞こえる音声において」。ここまでが発言(" ")の部分だ。says Dor Skuler(と語るのはドア・スクラーである)、the managing director of Intuition Robotics(インテュイション・ロボティクス社の専務取締役)はドア・スクラーの説明である。

④「弊社のロボットが発する音声には、ロボット的な癖があります。ですから我々はエリキューがロボットであることを人間っぽい音声を発することで隠蔽しようとはしてません」と語るのは、インテュイション・ロボティクス社の専務取締役であるドア・スクラーだ。

マクロの視点 ▶ 第4段落の要点

ElliQは誤解を招かないようにあえてロボットらしい音声を出すように設計された。
→人間とロボットという境界を明示

第5段落

① ElliQ / kind of // looks | like it has a head, / but it doesn't have eyes.

ElliQ(＝S) / kind of // looks(＝V) like ～(エリキューはまあ～のように見える)。副詞句kind of＝ratherに注意。it has a head(頭部がある)、like以下のSであるitはElliQを指す。but it doesn't have eyes(しかし、目はない)。このitもElliQだ。

①エリキューはどちらかというと頭部はあるように見えるが、目はない。

エリキューは話す音声もロボットっぽく、そして外見的には頭部はあるけど目はない。人間らしく見えなくするためだ。

② A bit of disturbing? Maybe.

②（こうしたロボットの外見は人を）少々ドキッとさせるだろうか？　おそらくそうだろう。

この文は、頭部はあるが目のないというロボットの外見に関して人がドキッとするということを述べている。

③ But it was a conscious choice / by Intuition Robotics, / because humans tend to assign a sense of self to pretty much anything with eyes.

But it was a conscious choice(しかしそれは意図的な選択だった) / by Intuition Robotics(インテュイション・ロボティクス社による)。ここでの主語itは①の文の内容（ロボットに頭部はあるが目はないこと）を指している。

because humans tend to assign(というのも、人間はassignしがちだから)、assign＋A＋to＋Bで「AをBに課す／割り当てる」という意味。a sense of self(自己意識を) to pretty much anything with eyes(目のあるものほぼ全てに)。「pretty much＝almost」なのでpretty much anythingは「ほとんど全てのもの」という意味になる。

③しかし、それはインテュイション・ロボティクス社の意図的な選択であった。というのも人間はとにかく目のあるものに自己意識があると考える傾向があるからだ。

つまり、人は目のあるものに自己意識があると考える傾向があるので、ロボティクス社はエリキューに目を付けることをやめたというわけだ。

④ For Skuler, / convincing a user | that an AI or humanoid robot is human // is a dangerous game.

For Skuler(スクラーにとって)、convincing a user | that ...(…をユーザーに納得させること)のconvincingは動名詞。that an AI or humanoid robot // is human「AIやヒューマノイドが人間である」はconvincingの目的語となる名詞節で、ここまでが、④のS。次のisがV、a dangerous game(危険な駆け引きだ)がCとなる。

④スクラーにすれば、AIやヒューマノイドロボットが人間であるとユーザーに納得させることは危険な駆け引きなのだ。

⑤ "I think | it creates the wrong expectation of the experience," he says.

"I think(思うに)、it creates the wrong expectation of the experience,"(そうするとその体験に関して間違った期待を作り出す)、ここでitは④のSであるconvincing a user | that an AI or humanoid robot is humanを指す。the wrong expectationのtheは後ろに追加説明があることを意味する。ここで重要なことはof the experienceのthe experienceは「AIやヒューマノイドと接する経験」を意味しているということだ。

⑤「そうするとAIやヒューマノイドとの経験に関して正しくない期待を作り出してしまうと思う」と彼は語る。

⑥ "I don't think | we want to live in a world | where an AI pretends to be human and tries to lead you down a path | where you believe | you're talking to a real person, and feel these feelings or emotions."

I don't think(私は思わない)、we want to live in a world | where(そんな世界に住みたいなんて)。このwhereはa worldを先行詞とする関係副詞。whereの後はan AI(=S) pretends(=V1) to be human and tries(=V2) to lead you down a path(AIが人間のふりをして、道を進むように誘導しようとする)という形。

a pathの後のwhereも関係副詞。where you believe(あなたが信じる)、you're talking to a real person(自分は実際の人間と話していると)。, and feel these feelings or emotions(そしてこんな気持ちや感情にさせる)はカンマ(,)が重要。これはここで文が区切られて、関係副詞節のVであるyou believeとfeelが並列関係にないことを示している。それでは、feelはandによって何と接続されているのだろうか? 関係副詞節より前の部分にある原形動詞はtries to leadのleadである。つまり、(an AI) tries to lead ... and feel ...という構造になっているのだ。

⑥「AIが人間のフリをして、私たちが本物の人間と話していると信じるように仕向けたり、そんな気持ちや感情にさせたりするような世界で暮らしたいと思わないでしょう」

マクロの視点 ▶ 第5段落の要点

ロボットを人間らしくしてしまうと、我々はロボットとの交流を人間との交流と勘違いする可能性があり、それは重大な問題だとエリキューの開発者は考えている。

▶ 第6段落

① (4) Which is not to say | we can, or should, stop humans from forming relationships with machines.

ここでポイントは文頭のWhichだ。ふつう、Whichが文頭にきていると疑問詞だと考える。しかし①の文では、Whichの後にis not to sayと続き、文末にクエスチョンマークもない。どうも疑問詞ではなさそうだ。

このWhichは何なのか。実は前文の内容を指す関係代名詞である。このように、関係代名詞節が先行詞を含む文から切り離されて使われることもある。ちなみに2006年の東大5(11) でも出題されている。

"Guess what! I'm with Anthony Quinn. And you know something? He seems real!" (11) After which I would throw Quinn aside and go on about my business.

(東大)

「すごいぞ！　今、アンソニー・クインといるんだ。わかる？　どうやらホンモノみたいなんだ！」そう言った後、私はクインを放って立ち去ってしまうだろう。

Whichが具体的に前文の内容のどの部分を指しているかは後ほど検討することにするが、次にis not to sayとある。to say ～は名詞用法の不定詞でnotはto say ～の否定。

よって、Which is not to say ～「それ（=前文第5段落⑥の内容）は～と言うことではない」という意味になる。sayの後の文を見てみよう。we can, or should, stop「やめることができるし、やめるべきだ」はwe can stop or we should stopをまとめたもの。等位接続詞（ここではor）には、数学の$ax + ay = a(x + y)$のように共通項を括り、まとめる働きがある。

stop humans from forming relationships with machinesのstop + A + from + ～ingは「Aが～することをやめさせる／Aが～しないようにする」という意味。よって、この部分は「人間が機械と関係を築くことをやめさせる」という意味になる。

①だからといって、人間が機械と関係を構築しないようにすることができる、あるいはそうするべきだと言うわけではない。

Q.5の答えはこの意味に近い1. We cannot stop people from developing deep connections with robots.(私たちは人間がロボットとの深い結びつきを築けないようにすることはできない）となる。

他の選択肢の訳は、以下。

(2) 人々がロボットと関係を深めることはできない。

(3) ロボットが人間と深い絆を築くことは不可能ではない。

(4) 私たちはロボットが人間と関係を深めることをやめさせるべきだ。

(5) 私たちはロボットと人間の間にある深い関係をやめるべきだ。

② That's inevitable.

②それ（＝人間と機械が関係を構築すること）は避けられない。

Thatは前文後半の内容（＝人間と機械が関係を構築すること）を指す。

③ In fact, even in trials / with an early home robot | like ElliQ, / users see the robot as a "new entity in their lives," Skuler says, rather than as a device.

In fact「実は」。In factで始まる文は重要であることが多い。even in trials(試験においてさえ)、with an early home robot(初期の家庭用ロボットの)、like ElliQ(エリキューのような)、users see the robot as a "new entity in their lives"(ユーザーがそのロボットを「人生における新しい実在」と見なす)。Skuler says,(スクラーは述べる)、rather than as a device(機械というよりもむしろ)。

つまり、人はthe robotを機械（a device）とは考えず、機械以外のa new entityと見なすわけだ。よって、このa new entityは、ペットなどの生き物かあるいは人間を指していることがわかる。第3講のマクロの視点でも指摘したが、このような「対比」をきちんと捉えることは英文読解において重要だ。

in fact ／ indeed ／ actually ／ in effectなどを含む文は重要であることが多い。

③実は、エリキューのような初期段階の家庭用ロボットでの実証実験においてすら、ユーザーはそのロボットを機械というよりむしろ「自分の人生における新しい実在」と見なす、とスクラーは述べる。

④ To be sure, ／ they know full well | it's just a machine — "and yet, there is a sense of gratitude ／ for having something with them ／ to keep them company," Skuler says.

To be sure「確かに」、they(＝S) know(＝V) full well(＝副詞)「彼らは重々承知している」、この後にknowの目的語が続く。it's just a machine「それ（＝自分が生活で接しているロボット）は単なる機械だ」。— "and yet,(だがしかし)、there is(＝V) a sense of gratitude(＝S)「感謝の念もある」、for having something with them(自分と何らかの関係があることについて)、to keep them company(自分の相手をするために)。Skuler says(と、スクラーは述べる)。To be sure ... and yet 〜「確かに…だがしかし〜」はよくあるパターンで、…の部分で「譲歩（＝自分の主張ではない意見に配慮すること）」を表し、逆接の接続詞（本文の場合はand yet）の後に続く〜の部分で主張を述べる。

{To be sure, / Certainly, / Surely,} 文A（内容は譲歩） {but / and yet / However,} 文B（筆者の主張／重要情報）

④確かに、彼らはそれが単なる機械であることは重々承知している。—「それでもなお、自分の相手をするために何かしら自分と関わっていることに感謝の念があるのだ」とスクラーは語る。

マクロの視点 ▶ 第6段落の要点

相手が機械であるということを理解していても、日常的に機械と接していると情が湧いてしまうというのが人間だ。

第7段落

① All this / from a 〈very early and relatively simple〉 companion robot.

①は文（S＋V）の形にはなっていない。All this（これら全ては）、thisは第6段落の内容、つまり、「（日常的に接していると）ロボットを新しい実在とみなし、感謝の念が生じる」ということを指している。from a 〈very early and relatively simple〉 companion robot（極めて初期の比較的単純な介助ロボットから）。andはvery earlyとrelatively simple（ともに副詞＋形容詞の形）をつないでおり、これらがcompanion robotを修飾している。

①今まで述べてきたことは、極めて初期の比較的単純な介助ロボットに関する話だ。

② Just imagine the bonds | that we'll form ▲ with far more advanced machines.

※▲は要素の欠落を表す。

Just imagine the bonds（それでは絆を考えてみよう）。ここで、the bonds（絆）は第6段落の④の文におけるa sense of gratitudeとつながりがあることに注意。つまり、人間が介助ロボットに抱く愛着である。次のthatはthe bondsを修飾している。we'll form ▲ with far more advanced machines（私たちがそれよりもずっと高度な機械と持つであろう）。ここでは、（far）more advancedと比較級になっているところがポイント。何と比べてmore advancedなのだろうか？　もちろん、①のa very early and relatively simple companion robotと比べてである。比較級が出てきたときは何と何を比べているのかをきちんと確認するようにしよう。そうすると、英文の理解も深まる。

実際の英文では何と何を比べているか（than ～の部分）が省略されることが多い。このような比較級が出てきたら、何と何を比較・対比しているのかはっきりさせるようにしよう。

②それでは、（単純な介助ロボットよりも）圧倒的に進歩した機械と築くであろう絆に関して考えてみよう。

③ Say 50 years from now ／ we've got realistic humanoid robots | walking among us.

Say ～は「たとえば～」。(Let me) say ～ということだ。Say 50 years from now(たとえば50年後)、we've got realistic humanoid robots(本物の人間のようなヒューマノイドロボットが登場している)。we've got ～は「私たちが既に手に入れた＝～が既に存在している」ということ。そしてこのrealistic humanoid robotsを説明しているのが、walking among us(私たちの間を歩いている) という現在分詞の形容詞用法だ。

③たとえば50年後、本物の人間みたいなヒューマノイドが普通に私たちの間を歩いているとしよう。

④ They move a bit weirdly still, ／ their facial expressions are a bit stiff still, ／ so they reveal themselves as machines.

They move a bit weirdly still(それらはまだ少し奇妙な動き方をする)。このtheyはrealistic humanoid robotsのこと。their facial expressions are a bit stiff still(それらの表情はまだ少し硬く)。so they reveal themselves as machines(その結果、彼らは自ら機械であることをバラしてしまう)。

④そうしたロボットはまだ動きが若干ぎこちなく、顔の表情もまだ少し硬い。その結果、自ら機械であることを明らかにしてしまう。

⑤ This journey into the humanoid robot future ／／ will take us straight ／ through what is known as the uncanny valley, ／ where uneasy sensations arise in us ／ when viewing a robot | that is almost human, but not quite there.

まずThis journey into the humanoid robot future(このヒューマノイドロボットの未来に関する探究は) までが主語Sで無生物であることに注意。ここで気をつけておいてほしいことは、このSが③と④の文で述べられている、今から50年後のロボットの状況を指しているということだ。つまり、This journey into the humanoid robot futureは③と④の文の内容を要約している。このような前文の内容をワンフレーズでまとめる作用を「フレーズ要約」と呼ぶことにする。

前文の内容をワンフレーズでまとめた部分を「フレーズ要約」と呼ぶことにする。
フレーズ要約に気づくことができるかどうかが英文と英文のつながりを理解するマクロの視点では重要である。

続いてwill take us straight(私たちを直接連れて行くだろう) がV＋Oの構造。ここでstraightは副詞でstraight＝directly, immediatelyという意味。through(～を通って)、what is known as ～(～として知られる)、the uncanny valley(不気味の谷)。無生物主語の文なので、主語を副詞的に捉え「ヒューマノイドロボットの将来に関する探求をすれば、私たちは即座に不気味な谷として知られるものを通過することになる」などと解釈してもよい。

ちなみに、このthe uncanny valley(不気味の谷) は1970年に森政弘東工大教授(当時) が提唱した理論である。これは、ロボットが人間に似てくるにつれて、彼らに対する人間の好感は増していくが、ロボットが人間に似すぎると急に嫌悪感を抱くようになる局面が生じる。ただし、この嫌悪感を抱かせる段階を超えてロボットが人間にますます似ていくと、人間の側も嫌悪感から親近感を抱くようになるという理論である。

whereは関係副詞で前のthe uncanny valleyを説明する。uneasy sensations arise in us(私たちの中に不安な気持ちが生じる)、when viewing a robot(ロボットを見たとき)、that is almost human(ほとんど人間である)。このthatは関係代名詞。but not quite there(しかし、そこまで (完全に達しているというわけ) ではない)。ここのthereは「人間とまったく同じ状態」を指す。

⑤こうした50年後のヒューマノイドロボットの将来を考察することで、私たちは直ちに不気味の谷として知られるものを通過することになる。そこでは、ほとんど人間だが完全にそうではないロボットを見ることで人間の側に不快な感覚が生じる。

マクロの視点 ▶ 第7段落の要点

比較的単純な構造の介助ロボットから50年後のヒューマノイドロボットへ
→ヒューマノイドと接すると異和感を覚える「不気味の谷」

第8段落

① But imagine | now it's 100 years in the future, / and you're in a colleague's office / talking about some reports.

But imagine ～(しかし、～だとしよう)、now it's 100 years in the future(今が100年後の未来であると)、and you're in a colleague's office(そして、同僚のオフィスにいるとしよう)。次のtalking about ～は意味上の主語が直前の名詞a colleague's officeではなく、youであることから形容詞用法の分詞ではなく、分詞構文であることがわかる。talking about some reports(いくつかの報告書に関して話をしながら)。

①けれども、現在が100年後の未来だとして、あなたが同僚のオフィスで報告書に関して話をしているとしよう。

② As you're getting up to leave, / your teammate says goodbye, / then goodbye again, then again.

As you're getting up to leave「(オフィスから) 退出しようと立ち上がったときに」、your teammate says goodbye(チームメイトがさようならと言い)、then goodbye again(そしてさようならとまた言い)、then again(そしてまた繰り返す)。

②立ち去ろうと立ち上がったときに、同僚がさようならと言い、それからまたさようならと言って、また繰り返す。

③ You've been talking not to a human, / (B) a convincing representative robot, and it's glitching.

You've been talking not to a human(話していたのは人間ではなく)、(B) a convincing representative robot(そっくりの代理ロボット)。ここでQ.6だが、notに注目し、「人間ではなくロボットに」という意味になればいいので、not A but B「AでなくB」となる4が正解。

and it's glitching(そして、それはどこかおかしい)。このitは直前のa convincing representative robotを指す。またglitching(うまくいかない/どこかおかしい)は動詞glitch(偶発的なちょっとした欠陥を生じさせる)の形容詞形である。

③自分がこれまで話していたのは人間ではなく、人にそっくりの姿をした代理ロボットであった。それはどこかしっくりこないのだ。

④ You feel relieved / to have cleared up the report business, / but you also feel cheated.

You(=S) feel(=V) relieved(=C)「ホッとしている」、その感情が生じた原因が、副詞用法の不定詞to have cleared up the report business(報告書の件が片付いたので)。「済んでしまったこと」なので、完了不定詞to have cleared upになっているわけだ。

but you(=S) also feel(=V) cheated(=C)は「でも、騙された気もする」の意味。「騙された」というのは、「人」だと思っていた相手が、実は「代理ロボット」であったことを指す。

④報告書の件が片付いてホッとしているが、騙されたという気もするのだ。

マクロの視点 ▶ 第8段落の要点

100年後の未来

「不気味の谷」を超え、人間のように見えるヒューマノイドだが、コミュニケーションをすると違和感が残る。

▶ 第9段落

① What you needed / from the very beginning // was a declaration.

What you needed(必要としていたことは)、from the very beginning(かなり最初に) までが主語S。第8段落のエピソード(報告書に関してヒューマノイドと話したこと)について語っているため過去形になっている。was(＝V) a declaration(＝C：宣言)。

①かなり最初に必要だったことは宣言である。

a declarationはa＋名詞の形なので、それが何なのかを意識しながら読み進めていこう。

② "I would have the robot say, 'By the way, / Matt, I'm an AI,'" says Julie Carpenter, a researcher | who studies human-robot interaction.

"I(＝S) would have(＝V) the robot(＝O) say(＝C),「私だったら、そのロボットにこう言わせる」。wouldは仮定法過去であることを示している。使役動詞haveにも注意しよう。

'By the way, Matt, I'm an AI,'(ところでマット、私はAIなんです)」。says Julie Carpenter,(と語るのはジュリー・カーペンターである)。a researcher(研究者) は同格。つまり、ジュリー・カーペンターのことである。a researcherを説明しているのはwho以下。| who studies human-robot interaction(人間とロボットの交流を研究している)となる。

②「私だったらそのロボットにこう言わせるでしょう、『ところでマット、私はAIなんです』」と語るのはジュリー・カーペンターだ。彼女は人間とロボットの交流を研究している研究者である。

③ "Or, 'Julie is actually at home, and she's operating me from there.'"

③は②のジュリーの発言の続き。つまりAIに宣言させる内容の続きだ。ここで、there＝at homeに注意。

ここでは②の'By the way, Matt, I'm an AI.'と、③の'Julie is actually at home, and she's operating me from there.'が①の文のa declarationの具体例になっていることを押さえておきたい。AIが人間に近づけば近づくほど、自分の素性（ヒトではなくAIであるということ）をあらかじめ宣言しておく必要があるということだ。

③「あるいは、『ジュリーは実は家にいて、彼女が私をそこから操作しているんです』と」。

④ In those imagined scenarios, / the robot *discloses* itself as a robot, / just as Google's new voice assistant does.

In those imagined scenarios（これらの想像上のシナリオの中で）。これは第8段落のことだ。the robot（＝S）*discloses*（＝V）itself（＝O）as a robot（ロボットは自らがロボットであることを開示する）。discloseは「～を明らかにする／開示する」で、強調するためイタリック（斜字体）になっている。なお、discloseの名詞形disclosureは「情報開示」という意味の重要語なので合わせて覚えておこう。

just as Google's new voice assistant does（ちょうどグーグルの新しい音声ガイドがしているように）。「グーグルの新しい音声ガイド」とは、第3段落で述べられているDuplexのこと。

④これらの想像上のシナリオにおいて、グーグルの新しい音声ガイドがしているように、ロボットは自らがロボットであることを開示するのだ。

⑤ You might even say | that the robot would have an ethical requirement | to do so, / even if it (　C　) the illusion / to some degree.

You might even say（～とさえ言うかもしれない）、that以下が発言内容。the robot would have an ethical requirement（ロボットは倫理的な義務がある）。an ethical requirementを修飾しているのが、形容詞用法の不定詞to do so（そうするべき）であり、内容としては「ロボットであることを自己開示する」を指す。

even if it (　C　) the illusion(たとえそれが幻想をCするとしても)、to some degree(ある程度)。ここでQ.7を考える。主語のitと目的語のthe illusion(幻想) が何を指しているかがポイント。itは「自身がロボットであることを開示すること」、そしてthe illusionの内容はザックリ言うと「ロボットがひょっとしたら人間なのかもしれない」という幻想である。選択肢を見てみよう。

1. sustains(維持する)、2. ruins(破壊する)、3. assumes(想定する)、
4. enhances(強める)、5. anticipates(予想する)

人間そっくりのロボットが自ら「ロボットです」と自己開示すれば、「ひょっとしたら人間なのかもしれない」という幻想は当然なくなってしまう。よって2が適切と判断する。

⑤ひょっとしたら人間かもしれないという幻想をある程度台無しにしてしまったとしても、ロボットにはそうする倫理的義務があるとさえ言うかもしれない。

マクロの視点 ▶ 第9段落の要点

ロボットと人間が交流する際に必要なこと
→ロボットが自分のことをロボットであると最初に宣言すること

第10段落

① Those future ethical codes // will likely vary / country by country.

まず主語のThose future ethical codes(こうした将来の倫理規定は) は「将来、人間に見えるロボットが登場したら、人間と関わる前に自分がロボットであることを宣言すること」を含む内容になる。次のwill likely vary(おそらく変わるだろう) がV。country by countryは「国ごとに」の意味。

①こうした将来の倫理規程は国ごとにおそらく変わるだろう。

② "If you had a robot | that maybe had some childlike qualities, ／ perhaps in a shopping mall in Japan, ／ people might find that very engaging," says Carpenter.

"If you had a robot(ロボットを持っていたら)。ここはhadとなっているので仮定法過去。that以下はa robotを修飾する関係代名詞節。maybe had some childlike qualities(ちょっと子供っぽい性質を持っているかもしれない)、hadになっているのは仮定法過去。

perhaps in a shopping mall in Japan(おそらく日本のショッピングモールで)、people(=S) might find(=V) that(=O) very engaging(=C：とても愛嬌のある／大変魅力的な) がSVOCの第5文型。ここの目的語thatは「ロボットに子供っぽいところがあること」を指している。says Carpenter(と、カーペンターは語る)。

②「ひょっとすると子供っぽいところがあるロボットがあったとして、ひょっとすると日本のショッピングモールでは、それをカワイイと人は思うかもしれません」とカーペンターは語る。

③ "If you had a robot with similar qualities ／ in a shopping mall in the United States, ／ people might find that irritating."

If you had a robot with similar qualities(似たような性質のロボットがいたら)、in a shopping mall in the United States(アメリカのショッピングモールで)。ここでsimilar qualitiesとは②の「子供っぽいところ」を表している。people might find that irritating(人はそれをイライラさせられると感じるかもしれない)。thatは②と同じく「ロボットに子供っぽいところがあること」を指す。

③「もし、似たような性質のロボットがアメリカのショッピングモールにあったら、人々はイライラするかもしれません」。

②と③の文は「子供っぽい性質のあるロボット」に対する日米の反応の違いを表している。このような違いがあるために、①のように国ごとに倫理規定が変わると予想されるわけだ。

④ Developers will have to consider cultural context / when they design interactions | between humans and their robotic counterparts.

Developers(＝S) will have to consider(＝V)「開発者は考慮しなければならなくなるだろう」、cultural context(＝O)「文化的文脈を」。このcultural contextは①の文で言っている「倫理規定は国ごとに異なるという状況」に対応している。

when they design interactions(彼らが関わり合いを設計するときは)、between humans and their robotic counterparts(人間と対応するロボットの間の)。counterpartは「相対物／片割れ」という意味で、ここでは人間に対応するロボットを指している。

④人間とそれに対応するロボットとの関わり合いを設計する際には、開発者は、文化的文脈を考慮しなければならなくなるだろう。

マクロの視点 ▶ 第10段落の要点

ロボットを設計する際は、それを使う人が属する文化やお国柄を考慮する必要がある。

第11段落

① And they'll have to adapt to changing perspectives on those interactions, / as new generations of robotic natives // are born.

And they'll have to adapt to ～(そして、彼らは～に適応しなければならない)、changing perspectives(変わりゆく見方に)、on those interactions(こうした交流に関して)。those interactionsは人間とロボットの交流を指している。

as new generations of robotic natives(ロボット・ネイティブという新しい世代が～するにつれて) // are born(誕生する〈につれて〉)。ここでrobotic nativesとはどんな意味だろうか？　皆さんはdigital nativeという言葉を耳にしたことがあると思う。デジタル・ネイティブとは「生まれた時から身の回りにIT機器が当たり前に存在していた人たち」という意味だ。ここからrobotic nativesは、「生まれた時から当たり前に身の回りにロボットがいる人たち」を意味していると考えられる。

①そして、ロボット・ネイティブという新世代の人々が誕生するにつれて、ロボット開発者はこうした交流についての変わり続ける見方に適応しなければならなくなるだろう。

つまり、ロボットの開発者は、文化的文脈（第10段落④）だけでなく、ロボットと人間の間の交流に関する変化し続ける見方にも考慮してロボットの設計をしていかなければならないということだ。

② "Children | that grow up in this world with robots // are going to shape | how society at large // interacts with robots," says Carpenter.

Children（子供たち） | that（関係代名詞） grow up in this world with robots（ロボットのいる現在の世界で育った）が主語。これは①の文のrobotic nativesの言い換えだ。are going to shape ～（～を形成するだろう）がV。次のhow society at large // interacts with robotsはOで「社会全般がどのようにロボットと関わるか」という意味。at large（全体の／一般的な）は押さえておきたい。

how society at large interacts with robot
≒ changing perspectives on those interactions

ということだ。気づけたであろうか？

②「現在の世界でロボットと共に育った子供たちは、社会全体がロボットと関わっていく方法を作り上げていくでしょう」とカーペンターは語る。

③ "It's really the children that we need to watch ▲ / to see | what is going to be normal for them and | what new norms of behaviors / they are bringing into that culture."

※▲は要素の欠落を示す。

③は強調構文に気づくことが大切。We need to watch the children の the children を強調した形になっている。It's really the children that we need to watch(注視する必要があるのはまさにそういった子供たちです)。

to see 〜(〜を理解するために)は副詞用法の不定詞。このseeはwhat is going to be normal for them(その子たちにとって何が当たり前になるのか)とwhat new norms of behaviors ⁄ they are bringing into that culture(どのような新しい行動規範をその文化に持ち込んでいくのか)の2つを目的語としている。

③「本当に注視しなければならないのはこうした子供たちです。彼らにとって何が当たり前になるのか、そしてどんな新しい行動規範を彼らがその文化に持ち込んでゆくのかを理解するために」。

マクロの視点 ▶ 第11段落の要点

生まれた時からロボットが存在している「ロボット・ネイティブ」が、人間とロボットの交流における行動規範(＝倫理)を形成していく。

第12段落

①Ideally ⁄ those norms won't include treating humanoid robots (D).

Ideally(理想的には)、those norms(＝S) won't include(＝V)「こうした規範には含まれないだろう」。ここで、those normsは人間とロボットの間の行動規範を指す。つまり、この英文全体のテーマである「人間とロボットの関係における倫理」なのである。したがって、treating humanoid robots (D) はこの規範(〜すべきこと)に含まれないことを指す。この観点から(D)に入るものを探す。ここでQ.8の選択肢を見ると、

1. honestly(正直に／誠実に)、2. carefully(注意して)、3. consistently(一貫して)、
4. badly(ひどく)、5. appropriately(適切に)

とある。この選択肢の中で、規範として不適切なことは、「ロボットをひどく扱う」ことだけである。

よって、正解は4. badly。

①理想は、こうした規範にはヒューマノイドをひどく扱うことは含まれないだろう。

ここまで本書を読み進めてきた読者なら、次の文では①の「理想」に対する「現実」が述べられると予測できるはずだ。

POINT 8 Ideally（理想的な状況）. → But（現実の状態）となり、現実の状態を強調する。

② But if you *do* know | that certain androids are in fact androids ／ — they've revealed themselves to you — ／ might it be tempting (5)to walk all over them?

But if you *do* know | that 〜（しかし、実際に〜を知ってしまったら）。このdoは強調。強調のdoは「本当に／実際に」と訳すとうまくいくことが多い。certain androids are in fact androids（あるアンドロイドが実はアンドロイドであることを）。— they've revealed themselves to you —（アンドロイドが自らを明かしてしまった）。

次は疑問文might it be tempting 〜?（〜しようという気になるかもしれないのではないか?）。このtemptingは「魅力的な」という意味の形容詞で、itは形式主語で後の(5)to walk all over themを指している。walk all overは「〜の権利を踏みにじる／〜に対してひどい扱いをする」という意味。

ここは理想と現実の対比だ。【POINT 8】でも指摘した通り対比の構造である。①の文より「ロボットをひどく扱わない」ことが理想。②の文はBut（しかし〜）という逆接の接続詞から始まっているので、現実には「ロボットをひどく扱ってしまう」というマイナスの内容を表すと考えられる。

ここでQ.9を見てみよう。選択肢は、

1. to respect them（それらを尊重する）、2. to exploit them（それらを搾取する／食い物にする）、3. to do them a favor（それらにお願いする）、4. to treat them well（それらを適切に扱う）、5. to be of service to them（それらに役立つ）

で、そのうちマイナスの意味があるのは2. to exploit themのみ。よって、正解は2となる。

②しかし、あるアンドロイドが実はアンドロイドであるということを、彼らが自ら明かしたりして、実際にあなたが知っているとしたら、アンドロイドをぞんざいに扱ってしまおうという気になったりはしないだろうか？

③ Might the bonds | we form ▲ with our creations // be more along the lines of servitude than affection?

Might ～?で始まる疑問文なので、②の might it be tempting (5)to walk all over them?を言い換えている文だと考える。まず、the bonds(絆) | we form ▲ with our creations(私たちが創造物と築く) が主語S。we formの目的語がないのでwe form ～は関係代名詞節だ。our creationsはandroidのこと。

次のalong the lines of ～は熟語で「～と類似した」という意味。「～の線／輪郭に沿って」ということだ。「along the lines of ～＝on the lines of ～＝like ～」と覚えておこう。比較級more ～ than ...「…というよりむしろ～」でservitude(奴隷であること／隷属) とaffection(愛情) が対比されていることにも気をつけたい。

③私たちがアンドロイドと築く絆は、愛情というよりも隷従に近いものになるのではないだろうか？

④ "Humans are great at developing social categories," Carpenter says.

Humans are great at ～(人間は極めて得意だ)。be good at ～(～上手／得意だ) のgoodがgreatになった形。developing social categories(社交上の区分を発展させること)。これはどういう意味だろうか？　少し抽象的でわかりにくいので、後に具体例が出てくると予想できる。

④「人間は社交上のカテゴリーを発展することにとても長けています」とカーペンターは語る。

⑤ "I treat you differently than I might treat my dentist. We go / throughout our day / **modifying** our social interactions **for** who we're interacting with."

I treat you differently than 〜(私はあなたを〜とは違う形で扱う)、I might treat my dentist(私がかかりつけの歯科医を扱うのとは)。つまり、同じ「人間」でも、あなたに対するのとかかりつけの歯医者に対するのでは対応の仕方を区別しているわけだ。これが①の文のdeveloping social categories(社交上の区分を発展させること) の具体例になっている。

We go / throughout our day / **modifying**(私たちは生きている間ずっと修正し続けている)。throughout our day(一生)、our social interactions(社交上の関わり合いを)、**for** who we're interacting with(誰と関わっているのかに合わせて)。

⑤「かかりつけの歯医者に対してとあなたに対してでは、私は異なる対応をします。私たちは一生を通じて誰と関わっているのかということで人との関わり合い方を修正し続けているのです」。

⑥ It's not hard / to see **a future**, / then, / **where** different types of robots // get different levels of respect and affection.

It's not hard(難しくない)、Itは形式主語。Itが指している真主語はこの後のto see **a future**,(未来を予見すること) である。**where**はa futureを説明している関係副詞。different types of robots(=S) // get(=V) different levels of respect and affection (=O)「さまざまな種類のロボットがさまざまなレベルの尊敬や愛情を得る」。この部分は少し抽象的でわかりにくい。だから、後で追加説明があると予測する。

⑥そうであるなら、次のような未来を予見することは難しくない。そこではさまざまな種類のロボットがさまざまなレベルの尊敬と愛情を獲得するのだ。

⑦ Your home humanoid robot is a beloved companion, / while you can treat the front-desk humanoid robot / with a bit less respect / because, well, it doesn't have feelings in its brain, just ones and zeroes.

Your home humanoid robot is a beloved companion(家庭用のヒューマノイドロボットは愛しい仲間である)、while you can treat the front-desk humanoid robot(一方で、フロントで対応しているヒューマノイドロボットを扱うことがあり得る)、with a bit less respect(わずかに少ない敬意で)、ここはlessという比較級に注意。もちろん、Your home humanoid robotと比較してということである。

because(というのも), well(まあ), it doesn't have feelings in its brain(それは脳に感情がないからだ)。ここのitはthe front-desk humanoid robotを指す。just ones and zeroes(単なる0と1の集合)。これはコンピューターが0と1の2進法で起動していることを示している。

⑦家庭用のヒューマノイド・ロボットは愛しい仲間だけれど、フロントデスクにいるヒューマノイド・ロボットには少ない敬意しか払えない。というのも、まあ、フロントデスクのロボットは脳の中に感情はなく、ただたくさんの0と1しかないからだ。

⑧ (6)What *didn't* you understand ／ about my request for a non-smoking room, ／ exactly, ／ Mr. Robot?

ここはインデントがあるが、セリフなので同じ段落だ。What *didn't* you understand(何がわからなかったのか?)。about my request for a non-smoking room(禁煙室という私の要望に関して) とあるので、フロントデスクにいるヒューマノイド・ロボットへ向けた言葉だとわかる。exactly(一体)、Mr. Robot?(ロボットさん?)。全体として相手を見下したニュアンスを感じ取れただろうか。

ここでQ.13「下線部 (6) の疑問文で筆者が意図していることは次のうちどれか」の選択肢を見ていこう。

1. A robot made an error | concerning a hotel reservation and is being treated poorly / because of the error and because it is a robot.

(ロボットがホテルの予約に関してミスをして、そのミスと、それがロボットであることが原因でぞんざいな扱いを受けている)

2. An android made no error | concerning a hotel reservation, however it is not being treated politely, / because it is not human.

(アンドロイドはホテルの予約に関してミスをしなかったが、人間ではないので丁寧に扱われていない)

3. A robot made an error | concerning a hotel reservation and is being treated politely / regardless of the error or because it is a robot.

(ロボットはホテルの予約に関してミスをしたが、そのミスにも関わらず、あるいはロボットであるために、丁寧に扱われている)

4. An android made an error | concerning a hotel reservation and is being treated politely despite the error because it is not human.

(アンドロイドはホテルの予約に関してミスをしたが、人間ではないので、ミスにも関わらず丁寧に扱われている)

5. A robot made an error | concerning a hotel reservation and is being treated poorly because of the error rather than because it is a robot.

(ロボットはホテルの予約に関してミスをし、ロボットであるためというよりもむしろ、そのミスのせいでぞんざいに扱われている)

まず、選択肢は最初の部分で、ホテルのフロント担当のロボット（もしくはアンドロイド）が予約に関するミスをしたか／しなかったかで大別する。「禁煙室の予約をしたんだけど、一体、何がわからなかったの？」という下線部の発言から、誤って禁煙室ではない部屋を予約したと推測できる。よって、ミスをしていないという選択肢2は不正解。

そして、⑧の文のような失礼な発言をしているので、is being treated politely（礼儀正しく扱われている）というフレーズがある選択肢3と4は不正解。残る選択肢は1と5

だが、ロボットに対してぞんざいな対応をしているのは、予約を間違えたことと、相手が人間ではなく、感情を持たないとされるロボット（もしくはアンドロイド）のためだと考えられる。なぜなら、第12段落は人間がロボットを差別的に扱うことがテーマだからだ。よって、この両方を原因としている選択肢1が正解。

⑧禁煙室を希望したんだけど一体何のことかわからなかったの？　ロボットさん？

マクロの視点 ▶ 第12段落の要点

相手が自分はロボットだと宣言することで、人はロボットを不当に扱う可能性がある。

また、ロボットとの関わり合いの濃淡によって、ロボットに対する敬意も変化する。

それでは、残りの問題を見ていこう。

Q.10　人間とそれに対応するロボットに関する絆に関してこの文章で言及されていないのはどれか。

1. It is inevitable ／ that people will form relationships with machines.
（人々が機械と関係を築いていくことは不可避だ。）→第6段落①②

2. Machines may be viewed more like living beings, rather than like devices.
（機械は装置というよりもむしろ生き物のように見なされるかもしれない。）→第6段落③

3. The bonds | between people and machines ／／ are as strong now as they will ever be.
（人間と機械の絆は、今後もそうであるように現在とても強い。）→本文中に記述なし。よって正解。

4. Relationships | between people and machines ／／ will not be based on equality.
（人間と機械の関係は、対等なものには基づかないだろう。）→第12段落の主旨

5. People can feel a sense of gratitude ／ for having a machine ／ to keep them company.

（人は自分と一緒にずっといてくれる機械を持つことで感謝の念を覚えうる。）→第6段落④

Q.11　英文の内容に関して、次の文のうちどれが正しくないか。

1. Human beings frequently modify their interactions | based on | whom they encounter.

（人間は誰に対するかに基づいて関わり合い方を頻繁に修正する。）→第12段落⑤

2. Realistic real-world androids and humanoid robots ／／ are a fairly recent phenomenon.

（本物そっくりの実社会にいるアンドロイドやヒューマノイドロボットは極めて近年の現象である。）→第1段落③

3. Ethical problems will result from interactions between people and realistic humanoid robots.

（倫理的問題が、人間と人間のようなヒューマノイドロボットとの交流から生じるだろう。）→第4段落①

4. Developers must consider cultural context ／ when designing interactions between robots and human beings.

（開発者は、ロボットと人間の交流を設計する際に、文化的な文脈を考慮しなければならない。）→第10段落④

5. ElliQ's voice is realistic enough to fool people into thinking | that it is a real human being.

（エリキューの声は人間が本物の人間と思ってしまうほど十分に本物っぽい。）→第4段落④の内容と矛盾。よって、正解。

Q.12　英文の内容に関して次の文のうち正しいものはどれか。

1. Google's Duplex voice assistant initially introduced itself as an AI at the beginning of each interaction.

（グーグルのデュープレックス音声ガイドは、当初からやりとりの始めに自らがAIであると自己紹介していた。）

→第3段落③より不適。最初は人間の代わりをすることが目的だったが、世論に押されてAIであることを最初に宣言する羽目になった。

2. Dor Skuler believes | that we want to live in a world | where an AI pretends to be a real human being.

（ドア・スクラーが信じていることは、私たちはAIが本物の人間のふりをする世界に住みたがっているということだ。）

→第5段落⑥のスクラーの発言より不適。

3. Elderly people take exception to the practice of utilizing robots as companions.

（高齢者は、ロボットを介助者として利用するという慣行に対し異議を申し立てる。）

＊take exception to ～：～に異議を申し立てる／～に腹を立てる

→第4段落のエリキューの例が示しているように介助ロボットはそもそも高齢者を対象としているので、本文は不正解。

4. Even for a non-living thing, people tend to reason | that ／ if it has eyes, ／ it has its own will.

（非生物に対してでさえ、人は目があると意志を持っていると推論する傾向がある。）

→第5段落③より正解。ロボットに目があると、ロボットに意識があると人は錯覚してしまう。それこそが介助ロボットエリキューに敢えて目を付けなかった理由である。

5. The uncanny valley is the situation | where we feel a sense of comfort ／ when we see a robot | that is a close human imitation.

（不気味の谷現象とは人間に酷似したロボットを見たときに好感を覚える状況のことである。）

→第7段落⑤より不正解。「不気味の谷現象」とは、人間に酷似した非生物を見たときに、人が不快感を覚えることである。

第1段落 ▶ 問題提起

進化するAIやロボットが社会進出するにつれ、人間との間に倫理的問題が生じる。

第2段落 ▶ 【第1段落】の掘り下げ

ホテルのフロントや、会社のオフィス、高齢者介護の現場にロボットが投入されている。

第3段落 ▶ 倫理的問題の具体例

グーグルのデュープレックス：AIであることを隠していたため炎上

第4段落 ▶ ロボット倫理

あえてロボットらしさを残し、ヒトではないことを示す。

（具体例）介助ロボット：エリキュー

第5段落 ▶ ロボットと人との境界線

ロボットと人との境界線が大事→エリキューには目を付けない

第6段落 ▶ 境界線越え

ロボットに対して情が移ってしまうことがある。

第7段落 ▶ 50年後のロボット→不気味の谷現象

第8段落 ▶ 100年後のロボット（ほぼ本物の人間）→違和感

第9段落 ▶ ロボットであるという自己紹介→違和感を解消する

第10段落 ▶ ロボットと文化的文脈

第11段落 ▶ ロボット・ネイティブの規範→これからのロボットの設計基準

第12段落 ▶ 対ロボット関係における人間側の問題

（ロボット／人間格差）人間でないからぞんざいに扱う
（ロボット内格差）同じロボットでも自分にとっての親密度によって人間側の対応が変わる

【正解】

Q.1　1　Q.2　5　Q.3　2　Q.4　3　Q.5　1　Q.6　4　Q.7　2　Q.8　4
Q.9　2　Q.10　3　Q.11　5　Q.12　4　Q.13　1

全訳

人間が自らの姿に似せた生命体を創り出すのはフィクションの領域ではよく使われる手法の１つだ。そしてつい最近まで、そのような想像はフィクションという領域にとどまっていた。しかし現在では、ますます洗練されたロボットが、（フィクションという）娯楽の領域からますます現実的で知的な存在へと進化している。一例として、日本の大阪大学の石黒浩教授の有名な人造人間を取り上げてみよう。あるいは、英国エンジニアド・アーツ社の動くアンドロイドや、香港を拠点とするハンソン・ロボティクス社の頭皮のないヒューマノイド、ソフィアを取り上げてみよう。こうしたロボットは皆とてもすばらしいので、どれだけの倫理的問題が存在しうるのかを容易に忘れてしまう。

本物に近いヒューマノイドロボットの登場とともに、意外な社会問題が生じるだろう。このようなロボットがホテルのフロントで働いたり、職場で私たちの代わりを務めたり、同伴者として私たちと一緒に生活したりすることになるかもしれない。

グーグルは先月、AIで稼働する音声ガイドのデュープレックスをお披露目した際、こうした問題の初期の兆候の１つに出くわした。デュープレックスは、それが人間だと勘違いしてしまうほど、本物っぽい。そしてはっきりしたのは、人は騙されたくないということだ。グーグルがハッキリさせるハメになったのは、デュープレックス自らがAIであることを明かすことだった。これはある意味、人間そっくりの声をした音声ガイドを作るという、そもそもの目的自体を挫く結果となったわけだ。しかし、そんなことはどうでもいいことである。

このような倫理上のつまずきは、人間と実体を持った機械との深まりつつある関係に問題も投げかける。エリキューを取り上げてみよう。これはイスラエルのインテュイション・ロボティックス社製のロボットで、家族のソーシャル・メディア通信に触れる手段となることで、高齢者に元気でいてもらおうというものだ。エリキューの設計者は、わざわざユーザーがロボットと話していることを意識するようにした。「弊社のロボットが発する音声には、ロボット的な癖があります。ですから我々はエリキューがロボットであることを人間っぽい音声を発することで隠蔽しようとしてはいないのです」と語るのは、インテュイション・ロボティクス社の専務取締役であるドア・スクラーだ。

エリキューはどちらかというと頭部はあるように見えるが、目はない。少々ドキッとさせるだろうか？　おそらくそうだろう。しかし、それはインテュイション・ロボティクス社の意図的な選択であった。というのも人間はとにかく目のあるものに自己意識があると考える傾向があるからだ。スクラーにすれば、AIやヒューマノイドロボットが人間であるとユーザーに納得させることは危険な駆け引きなのだ。「そうするとAIやヒューマノイドとの経験に関して間違った期待を作り出してしまうと思います」と彼は語る。「AIが人間のフリをして、私たちが本物の人間と話していると信じるように仕向けたり、そんな気持ちや感情にさせたりするような世界で暮らしたいと思わないでしょう」

だからといって、人間が機械と関係を構築することをやめることができる、あるいはやめるべきだと言うわけではない。それは避けられないのだ。実は、エリキューのような初期段階の家庭用ロボットでの実証実験においてすら、ユーザーはそのロボットを機械というよりむしろ「自分の人生における新しい実在」と見なす、とスクラーは述べる。確かに、彼らはそれが単なる機械であることは重々承知している。―「それでもなお、自分たちの相手をするために何かしら自分と関わっていることについて感謝の念があるのです」とスクラーは語る。

今まで述べてきたことは、極めて初期の比較的単純な介助ロボットに関する話だ。それでは、（単純な介助ロボットよりも）圧倒的に進歩した機械と築くことになるであろう絆に関して考えてみよう。たとえば50年後、本物の人間のようなヒューマノイドロボットが普通に私たちの間にいるとしよう。そうしたロボットはまだ動きが若干ぎこちなく、顔の表情もまだ少し硬い。その結果、自ら機械であることを明らかにしてしまう。こうした50年後のヒューマノイドロボットの将来を考察することで、私たちは直ちに不気味の谷として知られるものを通過することになる。そこでは、ほぼ人間だが、完全にそうではないロボットを見ることで人間の側に不快な感覚が生じる。

けれども、現在が100年後の未来だとして、あなたが同僚のオフィスで報告書に関して話をしているとしよう。立ち去ろうと立ち上がったときに、同僚がさようならと言い、再びさようならと言い、また繰り返す。自分がこれまで話していたのは人間ではなく、そっくりの代理ロボットで、それがどこかしっくりこないのだ。報告書の件が片付いてホッとしているが、何か騙されたという気もする。

かなり最初に必要だったことは宣言である。「私だったらそのロボットに『ところでマット、私はAIなんです』と言わせるでしょう」と語るのはジュリー・カーペンターだ。彼女は人間とロボットの交流を研究している研究者である。「あるいは、『ジュリーは実は家にいて、彼女が私をそこから操作しているんです』と」。これらの想像上のシナリオにおいて、グーグルの新しい音声ガイドがしているように、ロボットは自らがロボットであることを開示するのだ。ひょっとしたら人間かもしれないという幻想をある程度台無しにしてしまったとしても、ロボットにはそうする倫理的義務があるとさえ言うかもしれない。

こうした将来の倫理規程は国ごとにおそらく変わるだろう。「ひょっとすると子供っぽいところがあるロボットがあったとして、もしかすると日本のショッピングモールでは、それをカワイイと人は思うかもしれません」とカーペンターは語る。「もし、似たような性質のロボットがアメリカのショッピングモールにあったら、人々はイライラするかもしれません」。開発者は、人間とそれに対応するロボットとの関わり合いを設計する際は、文化的文脈を考慮しなければならなくなるだろう。

そして、ロボット・ネイティブという新世代の人々が誕生するにつれて、ロボット開発者はこうした交流についての変わり続ける見方に適応しなければならなくなるだろう。「ロボットのいる現代世界で育った子供たちは社会全体がロボットと関わっていく方法を作り上げていくでしょう」とカーペンターは語る。「何が当たり前になるのか、そしてどんな新しい行動規範を文化に持ち込んでゆくのかを理解するために本当に注視しなければならないのはこうした子供たちです」。

理想は、こうした規範にはヒューマノイドをひどく扱うことは含まれないだろう。しかし、あるアンドロイドが実はアンドロイドであるということを、彼らが自ら明かしたりして、あなたが実際に知っているとしたら、アンドロイドをぞんざいに扱ってしまおうという気になったりはしないだろうか？　私たちがアンドロイドと築く絆は、愛情というよりも隷従に近いものになるのではないだろうか？　「人間は社交上のカテゴリーを発展することにとても長けています」とカーペンターは語る。「かかりつけの歯医者に対してとあなたに対してでは、私は異なる対応をします。私たちは一生を通じて誰と関わっているのかということで人との関わり合い方を修正し続けているのです」。そうであるなら、次のような未来を予見することは難しくない。そこではさまざまな種類のロボットがさまざまなレベルの尊敬と愛情を獲得するのだ。家庭用のヒューマノイドロボットは愛しい仲間だけれど、フロントデスクにいるヒューマノイドロボットに対応するときは、敬意がわずかに減少するかもしれない。というのも、まあ、フロントデスクのロボットは脳の中に感情はなく、たくさんの0と1しかないからだ。

禁煙室を希望したんだけど、一体、何がわからなかったの？　ロボットさん？

第7講 国際関係と環境倫理

知ると差がつく教養ポイント

国際関係、国際政治経済、国際文化、国際教養…。大学では「国際」や「グローバル」と名付けられた学部や学科が次々と現れ、受験生の人気を博している。また、国際基督教大学や国際教養大学など、「国際」と冠する大学も増えてきた。皆さんの中にもこのような大学や学部、学科専攻を志している人もいるだろう。

「国際」や「グローバル」という名称が大学で増えてきたのは東西「冷戦」が終結した1991年以後と言ってよい。東西「冷戦」とは、自由主義を標榜する西側陣営（=第一世界）と、社会主義を標榜する東側陣営（=第二世界）の間で繰り広げられた、政治・経済・軍事などにおける熾烈（しれつ）な競争を指す。西側陣営の中心は米国、東側陣営の中心は旧ソ連であった。各地で米ソの代理紛争や代理戦争は起きたが、この2国が直接戦火を交えたことはないため、「冷たい戦争」と呼ばれた。「冷戦」という語を広めたのは米国のジャーナリスト、ウォルター・リップマンである。

また、1945年に第二次世界大戦が終結し、欧米日の植民地が多数独立し、国家となった。これらは第三世界と呼ばれる。第三世界の中には独立後、アジアを中心に、経済的繁栄を達成した国家も出てきたが、そのほとんどは経済的に停滞し、いわゆる「先進国（= developed countries：発展済みの国々という意味）」との経済格差は埋まらないままだった。このような新興独立諸国を「開発途上国」、あるいは「発展途上国（= developing countries：現在発展中の国々という意味）」と呼び、先進国と開発途上国の経済格差の問題を「南北問題」と言う。アフリカ南部（サブサハラ：サハラ砂漠以南のアフリカ諸国）や南米など貧困国が「南方」に多く存在しているためである。

一昔前の入試においては、上記の東西問題と南北問題の基本をきちんと押さえておけば、国際関係をテーマとする英語長文を読む上で大きな問題はなかった。ちなみに、第一世界、第二世界（ロシア革命以降：1917年〜）、第三世界（第二次世界大戦終結以降：1945年〜）という名称は、世界史における登場順である。しかし、グローバリゼーションがかなりの程度進展した現代世界にあっては、上記の基礎知識だけでは明らかに足りない。それでは、この分野の教養ポイントを見ていこう。

教養ポイント(1) ／権力と政治／リーダーとフォロワー／支配と服従

▶ 政治学と聞いて、選挙の動向や、ニュースなどで伝えられるような政治家の言動を追いかけるものと連想する読者も多いかもしれない。しかし、それは政治ジャーナリズムであり、政治学ではない。政治学とは人間関係や社会を「権力の構造」として捉え、権力関係から社会を分析するものである。

▶ 権力とは「他者に行動を強制することのできる力」である。権力は、主に

①実質的な暴力、あるいは暴力を被るという恐怖

例）言うことを聞かないと殴る！　体罰、脅迫

②社会的な威信（身分・地位・年齢・学歴・富・貨幣など）

例）先輩（上司）の言うことを聞け！　カネが欲しいなら○○しろ！

③他人を引きつける魅力（カリスマ・美貌・才能など）

例）尊敬しているから、あの人の言うことなら何でも聞く

を源泉として発生する。

▶ たとえば、あなたが友人と「お昼に何を食べるか？」という話をしていたとする。あなたが「パスタにしよう！」と提案し、友人が同意した場合、あなたはリーダー（leader）で友人はフォロワー（follower）と捉えることができる。権力を発揮するのがリーダーであり、発揮された権力に従うのがフォロワーである。このような日常的な行動の中にも権力関係、つまり支配と服従の関係は埋め込まれているのだ。アリストテレスが言うように人間は「ポリス的（政治的）動物」なのである。

教養ポイント(2)／国家と強制力と法／国際社会と国際政治

▶ 国家は主権（sovereignty：特定領域内の法的至高性／最高・絶対・独立の権力）を有し、この主権は絶対かつ不可侵である。つまり、国家は合法的に強制力（=暴力）を独占している。その強制力とは警察と軍隊である。そして、この強制力を乱用しないように一定のルールすなわち法が定められている。そして、この法を犯すことは違法行為として罰せられる。違法行為をした主体の自由を制限できるのも国家が暴力を独占しているためである。

▶ 国内の権力秩序と異なるのが、主権国家の集合体である国際社会である。国際社会では、各国の主権と国際（公）法（=条約・慣習法からなる国際社会を規律するルール）という2つの規範が存在する。国際法は、各国家の主権に対して何らかの制限をかけることで成立するルールである。主権国家は、国際法による保障が、国際法による主権への制限を上回ることを期待して調印・批准（ratify）しているはずなので、国際法は国内法に優越する。

▶ しかしながら、主権国家より上位にある超国家的な権力主体や組織（例：世界警察や地球防衛軍）が存在しないため、国際法を犯したり、国際秩序を乱したりする国家に対して強制力を持って対処することは、難しいだけでなく時間もかかる。国際社会には強制力を持つ警察も司法制度も存在しないのだ。

教養ポイント(3)／集団安全保障／国際連盟と国際連合

▶ それでは、国際社会における秩序紊乱（びんらん）（=秩序の乱れ）をどのように予防し、また生じた場合にどのように収拾するのだろうか？　これは安全保障の問題である。この国際秩序の乱れに対し、各国が同盟を組んで安全保障に対処するという集団安全保障体制が生まれた。集団安全保障とは、「ルールや取り決めを破った加盟国や、加盟国に対し被害を与えた非加盟国に対し、加盟国が集団で処分に当たる（≒実力行使する）」という仕組みである。

▶ 国際連合もそのような組織の1つであると言える。実は、国際連合（the United Nations）とは第二次世界大戦における「聯合國」のことである。その証拠に国連憲章には枢軸国（日独伊）に対する敵国条項（憲章第53、77、107条）が死文化しているとはいえ残ったままである。

▶ 国際連合の前身である国際連盟（the League of Nations）は、第一次世界大戦の反省から世界平和を維持する目的で設立されたが、多数決ではなく全会一致方式だったことや、国際連盟独自の武力を持たなかったために、決議された事案を強制させる力がなかった。この点を反省し、国際連合では武力行使が可能である。これは、暴力によって国際秩序を乱した主体を、その主体よりもさらに大きな暴力で封じ込めるという「超暴力」(ultraviolence ／ super violence) の思想である。

教養ポイント(4) ／ 勢力均衡と覇権安定論 ／ 国際公共財 ／ リアリズムとリベラリズム

- かつては、国際社会における主要国の軍事力を同質化することで、平和が維持されるという考えがあった。これを勢力均衡 (balance of power) という。勢力均衡論は行きすぎた軍拡を招き、平和維持にはあまり効果がなかった。
- 他の国の追随を許さない圧倒的な権力 (=覇権：hegemony) を持つ大国 (=覇権国：hegemon) が世界秩序を維持し、安定させることによって、平和が実現できるという考え方もある。これを覇権安定論という。このような国際社会の状態は単なる「平定」であって、本当の意味の世界「平和」と言えるのかという議論もある。覇権国が発揮するパワーには、軍事力や経済力などの他国を制圧できる「ハード・パワー」と、他国に模倣・吸収される文化や娯楽、ライフスタイルなどの「ソフト・パワー」がある。

- 覇権国は、国際秩序維持のために軍隊などを各地に派遣したり、国際決済システムにおける基本的な価値単位を表す決済通貨（=基軸通貨：key currency）を提供したり、災害や疫病に苦しむ地域に医薬品や食料品を提供したりする。また、「人権」や「法治」、「民主主義」など自らの理想とする考えや思想を普及させる。安全保障や基軸通貨および決済システムなどを「国際公共財」と呼ぶことがある。
- 以上のような考え方は、国際政治の現実（=国家は自己保存本能を持ち、自らの生存と勢力拡大を最優先する）に則しているという意味で現実主義（=リアリズム：realism）だと言える。リアリズムにおいては国際政治はパワーとパワーがぶつかり合うパワー・ポリティクスの世界である。これに対し、「武力という強制力がなくても国家間の協調は可能であり、平和を望まない国家は存在しない」という考えがリベラリズム（多元主義・理想主義・国際協調主義とも言う）である。
- リベラリズムでは、国家間の相互依存関係を重視する。経済や政治などで相互依存が深まれば深まるほど、その関係を破壊する行動に出にくくなると考えるからだ。結果として、国際法や国家間協定、そして国際機関などさまざまな「制度」が重視される。しかし残念ながら、リベラリズムが説くような状況は経済が安定している一定期間を除き、これまでのところ実現していない。

教養ポイント（5）／グローバリゼーション／国家の三形態／非国家主体／超国家的問題群

▶ 1991年の冷戦終結後、東西問題はなくなり、情報通信技術の進歩とともに、世界は一体化した。まずは東側諸国の市場経済移行によって、世界市場ができた。このことによって、経済面における世界の相互依存は深まったが、世界で紛争やテロはなくなっていない。

▶ これは、国家の発達段階がバラバラであり、価値観や国家目標が発達段階ごとに異なるためである。イギリスの外交官で国際政治学者であるロバート・クーパーによると、以下の3段階がある。

①プレ・モダン：近代国家としての実態が伴わない破綻国家
（例）ソマリア、シリア、北朝鮮など
②モダン：勢力の拡張を試みる野心を持つ近代国家、新興国
（例）中国、ロシア、韓国など
③ポスト・モダン：モダンの段階を終え、成熟した価値観を持つ国家
（例）アメリカ、EU、日本、イギリスなど

▶ このようなさまざまな国家が併存する現状を、複数の権威が併存していた中世になぞらえて「新しい中世」と評する説もある。いずれにせよ、グローバル化はますます進展しているが、国家だけがその担い手ではない。グローバル化の進展には多国籍企業（国際企業）や赤十字社や国境なき医師団、フェア・トレード、グリーンピースなど、国際的なNGO（非政府組織）、NPO（非営利組織）、あるいは国際的な犯罪ネットワークといった非国家主体も数多く関わっている。

▶ グローバリゼーションが進む中で、国家の枠組みだけでは解決できない問題も多数出てきた。地球温暖化問題やプラスティックなどの海洋ゴミの問題をはじめとする地球環境問題、コロナウィルスの蔓延（まんえん）をはじめとする世界的なパンデミック、国際的な大企業による法人税逃れの問題、国際的な犯罪組織のネットワークによる違法薬物売買や人身売買といった不正取引（trafficking）などである。こうしたグローバリゼーションの負の側面はこれからもさまざまな形で噴出する可能性が高い。

これから読む英文は2019年に京都府立医大で出題された問題だ。単科医大において、国際関係論をテーマとする英文が出題されるというところが興味深い。しかも、国際関係論と環境倫理という2つの学問領域を横断する新しいテーマである。それでは、解いていこう。

オススメ映画

・「ダーウィンの悪魔」
https://youtu.be/CGTqVOfo4wk

このテーマで出題された！

大学	学部	年度	出題テーマ
同志社大学	法・グローバル・コミュニケーション学部〔1〕	2017年	温暖化と消えゆく氷河
名古屋工業大学（前期）	工学部〔3〕	2017年	森林リスク商品と森林破壊
金城学院大学	文・生活環境・国際情報・人間科学・薬学部〔1〕	2019年	大気汚染とWHO
京都府立医科大学	医学部〔1〕	2020年	環境倫理と国際関係論

実戦編

それでは、英文を見ていこう。

問題　Read the following passage and answer the questions which follow.

What challenge does environmental ethics pose for international relations? International relations is usually understood as the realm of power politics, a world in which military strength and the need to survive dominate. (1)In this world, moral concern for other human beings, much less nature, is limited or entirely lacking. Environmental ethics — a set of principles to guide human interaction with the earth — asks us to extend moral consideration beyond humans to other living things and to natural "wholes" such as bioregions and ecosystems. Is it possible to introduce environmental ethics' far-reaching moral claims into the competitive, militarized, economically unequal world political system?

Although explorations in environmental ethics now have a long history, the dialogue over the human debt to the natural environment has proceeded largely without reference to international politics, to international relations theory, or even to the literature on international ethics. Practical politics is thus often removed from consideration. And scholars of international relations have barely considered the relationship between their studies and environmental ethics.

Bringing the (2)two fields into the same conversation is possible. International political theory has profound implications for understanding how humans should relate to the environment. Realism and liberal institutionalism (the mainstream of international relations theory), by suggesting what political, economic, and social goals are desirable, also imply what environmental values should prevail. They indicate what kind of world humans should or can create and thus tell us how we should relate to the environment. The question then is not whether environmental ethics should matter in world politics, but in which way: which environmental ethic does in fact matter, which should, and what obstacles prevent needed changes in political practices from being made?

Environmental ethics can be anthropocentric, biocentric, or ecocentric. (3) Anthropocentric ethics is about what humans owe each other. It evaluates environmental policies with regard to how they affect human well-being. For example, the misuse of natural resources such as minerals can destroy forests on which native peoples depend. Moral evaluation of the environmental destruction proceeds in terms of the rights, happiness, or fair treatment of all human groups, including the displaced tribes and the consumers who benefit from the minerals. Anthropocentric environmental ethics generally calls for more environmental protection than we now undertake; current unsustainable resource-use patterns and conversion of land to agricultural or urban uses mean that (4) existing practices do more harm to humans than good, especially when future generations are considered. Still, many observers find anthropocentric environmental ethics unsatisfactory because it appears not to recognize other creatures' natural right to share the planet and considers only their value to human beings.

Biocentric environmental ethics seeks to correct this deficiency by giving moral status to non-human creatures. Humans have moral worth but only as one species among many living things that also have moral status. The grizzly bear's right to sufficient territory for sustaining life and reproduction has as much moral value (if not more) as a tree-cutting company's desire to make a profit in that territory. Even if maintaining the grizzly bear's habitat means some humans must live in somewhat less spacious homes, the loss of human convenience by no means cancels the animal's moral claim to the forest. In short, animals have rights. Which animals have moral status, and whether plants do as well, remain matters of dispute among biocentric theorists. Nonetheless, (5) biocentric theory expands the moral realm beyond humans and hence implies greater moral obligations than anthropocentric ethics.

Ecocentric theory tackles a problem at the heart of biocentric theory. In reality, ecosystems work on the principle of eat and be eaten. We may give the grizzly "rights," but the bear survives by consuming salmon, small animals, and so forth, thus violating other living creatures' right to life. Humans are simply part of a complex food chain or web of life. Given this, ecocentric theory asserts that moral status should attach to ecological wholes, from bioregions to the planetary ecosystem (sometimes called Gaia). Ecocentric theorists are not concerned about particular animals or even species, but with the entire evolutionary process. Evolution involves the "land," broadly understood to include all its organic and nonorganic components. To disrupt or destroy the evolutionary process, reducing the diversity of life and the stability and beauty of the natural system, is unethical. As Aldo Leopold, the environmental philosopher who first developed the land ethic, put in his 1949 book, *A Sand County Almanac and Sketches Here and There*, "A thing is right when it tends to preserve the integrity, stability, and beauty of the biotic community. It is wrong when it tends otherwise." The emphasis here is on the word "community."

Each of these approaches suggests the need for change in the practice of international politics. Anthropocentric environmental ethics implies the least extensive reform, although these still could be far-reaching, especially with regard to current economic arrangements. Developed industrial economies rely heavily on global natural resources, such as areas to dispose of pollutants. For example, reliance on fossil fuels leads to increases in CO_2 in the atmosphere, and in turn to global warming. Developing countries undergoing industrialization will draw on the atmosphere's capacity to absorb greenhouse gases. The added load, along with already high levels of emissions from developed countries, could push the environment beyond a critical level, setting off disastrous climate changes because of global warming. These climate problems could lead to crop failures and destructive storms damaging coastal cities. What is fair under these circumstances? Should developed countries make radical changes — such as decentralizing and deindustrializing — in their economic arrangements? Should they refrain from adding the potentially disastrous increase of greenhouse gases that will push the climate over the level of disaster? If yes, then anthropocentric environmental ethics calls for far-reaching social and economic change.

Biocentric environmental ethics also implies considerable economic change. If animals have moral status, then killing them or destroying their habitat for human benefit is unacceptable. In particular, the massive species loss resulting from deforestation is a moral failure even if humans profit. Likewise, agricultural practices that rely on pesticides and fertilizers that harm nonhuman species should be reduced. Warfare's effects on nonhuman living things would also need to be evaluated. Just-war theory generally evaluates unintended damage's significance in the context of citizens killed or injured due to military actions. Yet unintended damage also kills and injures animals that have even less interest and less say in the conflict than citizens. Should their right to life be considered? Biocentric ethics would say yes. (6)If so, virtually the entire practice of modern war might be held as fundamentally immoral.

Ecocentric ethics implies the strongest criticism of current practices. Disrupting the ecological cycle or the evolutionary process is morally unacceptable. Most current economic or military practices would not be acceptable. Indeed, in its strong form, ecocentric ethics would require a major reduction in the human population, since the 7.5 billion people now on earth are already disrupting the evolutionary process and will continue to do so as the world population grows to 10 billion or more. Political institutions must be replaced, either with one-world government capable of implementing ecocentric environmental policy, or with ecologically based bioregional political units (ecocentric theorists hold differing views on whether authoritarian government or more democracy is needed to make ecocentrism effective in practice). (7)If bioregionalism were adopted, world trade would come to an end since each bioregion would be self-sustaining. Wasteful resource use would be reduced. Long-term sustainability in harmony with the needs of other living things would be the desired end. For some ecocentric thinkers, the model is a hunter-gatherer society or a peasant agriculture society.

Environmental ethics in each form carries important implications for the practice of international politics. Yet the environmental ethics literature usually pays little attention to obvious features of the international system. This is not to say that environmental ethics bears no relationship to political realities. If realism (the theory of power politics) and liberal institutionalism (the theory emphasizing interdependence and the possibilities for cooperation) both contain implicit environmental ethics, then environmental ethics contains implicit political theory. Yet without explicit attention to international political theory, environmental ethics lacks the basis to determine which of its recommendations is feasible, and which utopian.

(Adapted from: "Why Environmental Ethics Matters to International Relations", by John Barkdull. Annual Editions: *Global Issues* 04/05, Robert M. Jackson, Editor. McGraw-Hill/ Dushkin.) (京都府立医大)

QUESTIONS

Answer the following questions about the underlined parts.

(1): Explain the meaning of the underlined part specifically by clarifying what "much less nature" means in comparison with human beings. Write your answer in Japanese.

(2): What does the phrase "two fields" refer to? Write your answer in English.

(3): What does anthropocentric ethics recognize as the most important living thing? Write your answer in English.

(4): Explain the meaning of the underlined part specifically by clarifying what "existing practices" means. Write your answer in Japanese.

(5): Why does the author say this? Explain the reason(s) from the passage. Write your answer in Japanese.

(6): Using the author's logic, explain why he states the underlined part. Write your answer in Japanese.

(7): Why does the author say this? Explain the reason(s) from the passage. Write your answer in Japanese.

解説

第1段落

① What challenge does environmental ethics pose ／ for international relations?

問題提起の疑問文である（→【自問自答の原則】）。What challenge(＝O) does environmental ethics(＝S) pose(＝V)（どんな難問を環境倫理は提示するのか）。for international relations(国際関係に対し)。国際関係における環境倫理上の難問がこの英文のテーマであることがわかった。

①環境倫理は国際関係に対してどんな難問を示しているのであろうか？

② International relations is **usually** understood ／ as **the realm** of power politics, a world | in **which** military strength and the need | to survive ／／ dominate.

International relations is **usually** understood(国際関係は通常理解されている)。ここで重要なのはusually。これは常識や通説を表す文においてよく使われる副詞。as **the realm** of power politics(パワーポリティクスの領域として）の**the realm** of power politicsと同格なのが、a world以下である。whichは先行詞a worldを受ける。military strength and the need | to survive(＝S：軍事力と生存欲求が)／／ dominate(＝V：支配している)。

つまり、常識では「国際関係＝パワーポリティクス＝軍事力と生存欲求が全て」ということだ。

②国際関係は通常、パワーポリティクスの領域であると理解されている。つまり、軍事力と生存欲求こそが全てという世界である。

③ (1)In this world, ／ moral concern for other human beings, **much less** nature, ／／ is limited or entirely lacking.

第7講 ／ 国際関係と環境倫理

In this world(この世界において)、つまり「パワーポリティクスの国際関係において」という意味。moral concern for other human beings(＝S：他者に対する道徳的な関心は)、much less nature(自然に対する関心はなおさらないが)。ここではother human beingsとnatureが併置されていることに注意。much less(なおさら〜でない) があるので、この後のVは否定的な内容がくると予測。is(＝V) 〈limited or entirely lacking〉(＝C) (限定的であるか完全に不足している)。

③この世界においては、他者に対する道徳的な関心は、限定的であるか、あるいは圧倒的に不足している。ましてや自然に対する関心はなおさらない。

ここで、(1) である。問題は「human beings と対比されている“much less nature”が何を意味しているかを明らかにして下線部 (1) の意味を説明せよ。解答は日本語で書け」という意味。「説明せよ」という問題では、指示語の内容を明らかにし、文意をくんだ上で対比や類推の内容を示すことが重要である。

まず、In this worldは「パワーポリティクス全開の国際関係」を指す。②の文より、パワーポリティクスとは、軍事力を用いて自己保存を第一とする世界である。それが故に「他人」に対する関心はもちろんのこと、「自然環境」に関してはなおさら、関心が持てないということを意味している。これらを踏まえ、

軍事力と生存欲求が支配する国際関係にあっては、自分が生き残ることが最優先されるので、他者に対する関心は限定的で不足したものになってしまうし、自然環境に対する関心はなおさらなくなってしまうということ。

などとまとめればよい。

④ Environmental ethics ／ — a set of principles | to guide human interaction with the earth — ／／ asks us to extend moral consideration ／ beyond humans ／ to other living things and to natural “wholes” | such as 〈bioregions and ecosystems〉.

Environmental ethics(環境倫理)、文頭の名詞句なので主語の可能性が高い。— a set of principles(原理の集合) からはEnvironmental ethicsの詳細になっている。to guide human interaction with the earth—(人間の地球との関わり合いを導く) は

principlesを修飾する形容詞用法の不定詞。

asks(＝V) us(＝O) to extend moral consideration(＝C)（私たちに道徳的な配慮を拡張することを要求する）。beyond humans(人間を越えて)。どこまでextendするのかは次のto以下の部分で明らかにされている。to other living things(人間以外の生物に)、and to natural "wholes"(そして自然「全体」に)。such as 〈bioregions and ecosystems〉（生態群や生態系のような）。ちなみにwholeだが、ケーキ屋さんでケーキを買うとき、ピース（piece：切り分けられたもの）かホール（whole：ケーキまるごと）かの区別があるのでイメージしやすいかもしれない。

④環境倫理（人間と地球がどのように関わり合うかを手引きする原理群）は、私たちが人間を越えて他の生物や、生物学的領域や生態系のような自然「全体」に道徳的配慮を広げていくように求める。

⑤ Is it possible ／ to introduce environmental ethics' far-reaching moral claims ／ into the competitive, militarized, economically unequal world political system?

Is it possible(可能なのだろうか?)、itは形式主語。to introduce(導入すること) が真主語。environmental ethics' far-reaching moral claims(環境倫理の広範囲に及ぶ道徳的主張を)、into the competitive, militarized, economically unequal world political system(競争的で軍事化された、経済的に不平等な政治システムに)。

⑤環境倫理の広範囲に及ぶ道徳的主張を、競争的で軍事化された経済的に不平等な政治システムに導入することは可能なのだろうか？

また、⑤が疑問文であることも意識したい。①の疑問文で「環境倫理が国際関係に提示する難問とは何か?」と問題提起し、パワー・ポリティクスが支配する国際関係の現状と、環境倫理とは何かを説明した上で、⑤の文で再度問題提起をしている。したがって、⑤が本文の問題提起だと言えよう。

問題提起「パワー・ポリティクス全盛の現在の国際関係に環境倫理は導入できるのだろうか？」

第2段落

① Although explorations in environmental ethics // now have a long history, / the dialogue over the human debt / to the natural environment // has proceeded largely / without reference to international politics, to international relations theory, or even to the literature on international ethics.

Although 〜(〜にもかかわらず)、explorations in environmental ethics(環境倫理の探究は) // now have(今や持っている) a long history(長い歴史を)。the dialogue over the human debt(人間の負債をめぐる対話) / to the natural environment(自然環境に対する) までが主語S。has proceeded largely(概ね進んでいる) が動詞V。without reference to 〜は（〜に言及せずに）という意味で、to 〜の部分が3つある。to international politics(国際政治に)、to international relations history(国際関係の歴史に)、or even to the literature on international ethics(あるいは、国際的な倫理に関する文献にすら)。

①環境倫理の探究は今では長い歴史があるけれども、人間が自然環境に対してどんな債務を負っているのかということに関する議論に関しては、概ね国際政治や国際関係史や国際倫理に関する文献にすら言及することなくかなりの部分進められてきた。

② Practical politics is thus often removed from consideration.

Practical politics(実際の政治) がSで、①の文では、international relations, international relations history に該当する。is thus often removed(したがって排除されていることが多い) がVで、from consideration(考慮から) で受動態。①の文を受けて、「環境倫理が実際の政治を考慮していないことが多い」とまとめている。

②よって、実際の政治は考慮されないことが多い。

③ And scholars of international relations // have barely considered the relationship | between their studies and environmental ethics.

Andの後のscholars of international relations（国際関係論の学者は）がS。have barely considered（ほとんど考えてこなかった）がV。the relationship（その関係を）がO。between their studies and environmental ethics（自分の研究と環境倫理の間の）はthe relationshipを修飾している。

③そして国際関係論を専攻する学者たちは、自分たちの研究と環境倫理の関係をほとんど考慮してこなかった。

マクロの視点 ▶ 第2段落の要点

現実の政治でも学問研究においても、国際関係論と環境倫理の関わり合いは考慮されてこなかった。

第3段落

① Bringing the (2)two fields into the same conversation // is possible.

文頭の～ingは、分詞構文か動名詞。Bringing the (2)two fields into the same conversation（この2つの学問分野を同一の会話に持ち込む）は後ろにVのisがあるので動名詞（＝主語）だと考える。

（2）は「(2)two fields（2つの学問分野）が何を指すか英語で書け」というもの。テーマになっている2つの学問分野とは、international relations（国際関係論）とenvironmental ethics（環境倫理）である。

①この2つの学問分野を同じ土俵に持ち込むことは可能だ。

② International political theory has profound implications for understanding | how humans should relate to the environment.

International political theory(＝S) has(＝V)（国際政治理論にはある)、profound implications(O：深い意味合いが)、for understanding ～(～を理解するための)。how以下はSVを含むのでここまでを処理。relate to ～は「～に関わる」という意味なので、how humans should relate to the environmentで「どのように人間は環境と関わるべきか」となる。この文は①の文の理由を示している。

②国際政治理論には、人間が環境とどのように関わっていくべきかということを理解する上で深い意味合いがある。

③ Realism and liberal institutionalism (the mainstream of international relations theory), ／ by suggesting | what political, economic, and social goals are desirable, ／／ also imply | what environmental values should prevail.

Realism and liberal institutionalism(リアリズムとリベラル派の制度主義は) がS(→【教養POINT(4)】)。the mainstream of international relations theory(国際関係論の主流)、ここはSの補足になっている。ちなみに、mainstream(主流) ／ extreme(極端) はセットで覚えておこう。

by suggesting ～(～を提起することによって) は副詞句でwhat political, economic, and social goals(どんな政治的、経済的、社会的目標が)、are desirable(望ましいのか) がsuggestingのO。その後のalso imply(また含意している) が本文のV。what environmental values should prevail(どんな環境的価値が普及すべきであるか) が目的部O。③の文は、②の文を詳述している。

③リアリズムとリベラルな制度主義（国際関係論の主流理論）は、どんな政治的、経済的、社会的目標が望ましいのか提起することで、どんな環境的価値が普及すべきかをも含意している。

④ They indicate | what kind of world ／ humans 〈should or can〉 create ／ and thus tell us | how we should relate to the environment.

They(＝realism and liberal institutionalism：それらは) がS、indicate(示しているのは) がV。後ろにはindicateの内容がくると予測。humans(人間が) はwhat節のS。次の〈should or can〉に注意。これは「～すべき、あるいは～できる」という助動詞の並列。この2つの助動詞はcreateにかかる。よって、what kind of world(どのような世界を）はO。

次のand thus tell us(それゆえ私たちに伝える）はTheyをSとする2つめのVでindicateとandで並列されている。usがtellの間接目的語でhow we should relate to the environment(私たちがどのように環境と関わるか）がtellの直接目的語。

④リアリズムとリベラルな制度主義が示しているのは、人類がどのような世界を作り出すべきであり、あるいは作り出すことができるかということであり、それらを示すことで私たちがどのように環境と関わるかを伝えているのだ。

⑤ The question then is **not** | whether environmental ethics should matter in world politics, **but** | in which way ▲: which environmental ethic does in fact matter, which ▲ should ▲, and what obstacles prevent needed changes in political practices **from** being made?

この文は省略に気をつける必要がある。まずはThe question then is(その場合の問題は）の後のnot ～ but ... に注意。**not** | whether environmental ethics(＝S) should matter(＝V) in world politics(環境倫理が世界政治において重視されるべきか否かではなく)、**but** | in which way ▲（どのように）とある。

in which wayの後は省略だが、**not** whether ～ **but** in which way ... というwhetherとin which wayの対比の構造から、反復（＝繰り返し）による省略だと考えられる。省略されたものを補うと、in which way environmental ethics should matter in world politics(どのように環境倫理が世界政治において重視されるべきか）となる。

このin which wayが少し抽象的で曖昧なので、コロン（:）があり、すぐ後ろで補足をしている。疑問詞を含む節は全部で3つある。まず1つは、which environmental ethic does in fact matter(どの環境倫理が実際に本当は重要であるのか)。ここでのdoesは強調である。2つめはwhich ▲ should ▲であり、これも反復による省略であると考えられる。よって省略部分を補うと、which environmental ethic should matter(どの環境倫理が重視されるべきなのか）となる。

第7講／国際関係と環境倫理

最後は、what obstacles（＝S）prevent（＝V）needed changes in political practices（＝O）from being made。prevent＋A＋from＋Bで「AがBすることを妨げる／AがBしないようにする」の意味なので、「どんな障害が政治的慣行において必要な変化がなされないようにしているか」となる。なおこの部分は無生物主語（what obstacles）なので、「どんな障害によって、政治的慣行における必要な変化が生じていないのか」というくらいの意味になる。

⑤その場合の問題は、環境倫理が世界政治において重視されるべきか否かということではなく、環境倫理が世界政治においてどのように重視されるべきかということである。つまり、実際のところどの環境倫理が本当に重要であるのか、どの環境倫理が重視されるべきなのか、そして、どんな障害によって、政治的慣行における必要な変化が生じていないのかということである。

第3段落では第1段落の問題提起をさらに詳しく説明している。

マクロの視点 ▶ 第3段落の要点

（テーマの明確化）

これまで関連が薄かった国際関係論と環境倫理であるが、同一の土俵で議論可能。

→その場合、

①現在の国際関係において環境倫理はどのように重視されるべきか？

②どの環境倫理が重視されるべきか？

③環境倫理的視点を国際政治の現場に導入することを妨げている問題は何か？

という3つの問題に集約される。

第４段落

① Environmental ethics can be 〈anthropocentric, biocentric, or ecocentric.〉

ここで、-centric(一中心) という語に注意。anthropo-「人類の／例：anthropology 人類学」、bio-「生物の／例：biology 生物学」、eco-「生態の／例：ecosystem 生態系」となる。過去に東京大学でanthropocentricという語を含む英文が出題されている。

①環境倫理には、人間中心、生物中心、生態系中心のものが考えられる。

② (3)Anthropocentric ethics is about | what humans owe each other ▲.

(3)Anthropocentric ethics is about 〜(人間中心主義の倫理とは〜ということである)、what humans owe each other (人間がお互いに何を負っているか)。owe＋A＋B(AにBを負う) は押さえておきたい。

②人間中心主義の倫理とは、人間が互いに何を負っているかということである。

③ It evaluates environmental policies / with regard to | how they affect human well-being.

It(＝S：anthropocentric ethics)、evaluates(＝V：評価する)、environmental policies(＝O：環境政策を)。with regard to 〜(〜に関して)、how they(＝S：environmental policies)、affect(＝V：影響を及ぼす)、human well-being(＝O：人間の幸福に)。

③人間中心倫理は、どのように人間の幸福に影響を及ぼすかという観点から環境政策を評価する。

ここで (3) が解ける。問題は「人間中心主義の倫理が最も重要であると認識している生きているものは何か？」ということなので、その答えは「人間」ということになる。「英語で答えよ」という指示なので、【解答例】Human beings. となる。

④ For example, / the misuse of natural resources | such as minerals // can destroy forests | on which native peoples depend.

For example(たとえば) の後のthe misuse of natural resources(天然資源の乱用) | such as minerals(鉱物のような) がS。can destroy(＝V：破壊する可能性がある)、forests (＝O：次のような森林を)、on which(＝on the forests：その森林に)、native peoples depend(原住民族が依存している)。

④たとえば、鉱物資源のような天然資源の乱用が、原住民族が依存している森林を破壊する可能性がある。

⑤ Moral evaluation of the environmental destruction // proceeds / in terms of the 〈rights, happiness, or fair treatment〉 of all human groups, / including the displaced tribes and the consumers | who benefit from the minerals.

まず、Vであるproceeds(進む) までの、Moral evaluation of the environmental destruction(環境破壊の道徳的評価) がS。in terms of ～(～に関して)、the 〈rights, happiness, or fair treatment〉 (権利、幸福、公正な処遇) of all human groups(全ての人間の集団の)。in terms of以下は③の文のhuman well-beingと同内容。次のincluding ～(～を含めた) はall human groupsにかかっている。the displaced tribes (本拠地を追われた部族) は④の文のnative peoplesと同じ意味。つまり、鉱物資源の採掘のために生活拠点である森林が破壊されてしまった部族ということである。and the consumers(そして消費者)、who benefit from the minerals(その鉱物から恩恵を受ける) はconsumersの説明をしている。

⑤環境破壊の道徳的評価は、森林を追われた部族とその鉱物資源から恩恵を受ける消費者を含めた、全ての人間集団の権利、幸福、公正な処遇という観点から進められる。

⑥ Anthropocentric environmental ethics // generally calls for more environmental protection | than we now undertake; current unsustainable resource-use patterns and conversion of land to 〈agricultural or urban〉 uses // mean | that (4)existing practices do more harm to humans than good, / especially when future generations are considered.

Anthropocentric environmental ethics(＝S：人間中心の環境倫理が)、generally calls for(＝V：一般的に要求するのは)、more environmental protection(＝O：更なる環境保全を)。call for ～／ask for ～は「～を要求する」。次が擬似関係代名詞節than we now undertake(私たちが現在請け合っているより)。

後ろにセミコロン(；)があるので、前文の詳しい説明が続く。current unsustainable resource-use patterns(現在の持続不可能な資源の利用パターン) and conversion of land(土地を転換すること) to 〈agricultural or urban〉 uses(農業あるいは都市用途に) までがS、meanがV。that (4)existing practices do more harm to humans than good(既存の慣行が人間に利益よりも害をもたらす)、especially when future generations are considered(特に将来世代を考慮した場合に)。

(4) は「下線部 (4) を“existing practices”が何を意味しているかを明らかにして説明せよ。解答は日本語で書け」という問題。existing practicesは、current unsustainable resource-use patterns and conversion of land to 〈agricultural or urban〉 usesを指している。よって、

現行の持続不可能な資源利用の様式や、土地を農業や都市利用の用途に転換するという慣行が、とりわけ将来世代を考慮した際に、人間に利益よりも害をもたらすこと。

などとまとめるとよい。

⑥人間中心の環境倫理が一般的に要求しているのは、現状以上の環境保全である。現在の持続不可能な資源利用様式と土地を農地や都市用地に転換することは、とりわけ将来世代を考慮に入れた場合、現在の慣行が人間にとって有益というより有害であるということだからだ。

⑦ Still, / many observers find anthropocentric environmental ethics unsatisfactory / because it appears not to recognize other creatures' natural right | to share the planet and considers only their value to human beings.

第7講／国際関係と環境倫理

Still(それでも) の後はmany observers(S：多くの専門家は)、find(V：わかっている)、anthropocentric environmental ethics(O：人間中心の環境倫理が)、unsatisfactory(C：不十分である) で第5文型SVOCになっている。

because it(＝anthropocentric environmental ethics) appears(なぜならば、それは見えるから)、not to recognize other creatures' natural right(他の生き物の自然権を認めていない)。natural rightは「自然権」、つまり、誕生とともに有する権利のこと。other creatures' natural rightの後のto share the planet(地球を共有する) は形容詞用法の不定詞。

次のand considersはconsiderに三人称単数のsが付いているので、appearsとconsidersがandで接続されていることがわかる。only their value to human beings(人間にとってのそれらの価値のみ)、their＝other creaturesである。

⑦それでも、多くの識者たちは人間中心の環境倫理は不十分だと思っている。というのも、人間中心の環境倫理は、地球を共有する他の生物の自然権を認知していないように見えるし、人間にとっての他の生物の価値だけを考慮しているからである。

環境倫理の3類型：①人間中心　②生物中心　③生態系中心

・①→②→③の順で範囲が広くなる。

・数学記号で書くと、①⊂②⊂③となる。

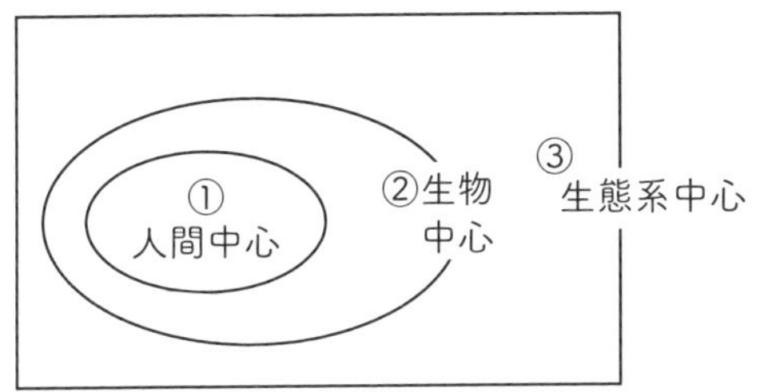

①人間中心の環境倫理の概要「人間の幸福のための環境保全」

→将来世代のためにも豊かな環境を保全することが必要。

人間中心の環境倫理に関する欠点：他の生物の自然権に無配慮

第5段落

① Biocentric environmental ethics // seeks to correct this deficiency / by giving moral status to non-human creatures.

Biocentric environmental ethics（S：生物中心主義の環境倫理は）、seeks to correct（V：訂正しようとしている）、this deficiency（O：この不足を）。this deficiencyは、第4段落の⑦で示されているanthropocentric environmental ethicsのunsatisfactoryな性質のこと。by giving moral status to non-human creatures（道徳的地位を人間以外の生物に付与することによって）のnon-human creaturesは第4段落の⑦のother creaturesの言い換え。

①生物中心の環境倫理は、道徳的地位を人間以外の生物に付与することで、人間中心の環境倫理が持つこうした欠点を訂正しようとしている。

② Humans have moral worth / but only as one species / among many living things that also have moral status.

Humans have moral worth(人間には道徳的価値がある)、but only as one species(しかし、一種としてだけである)、among many living things(多くの生物の中の)。speciesは単数形も複数形も同型（=単複同形）であるところに注意。many living thingsには関係代名詞thatの節が続く。that also have moral status(また道徳的地位を持つ)。

チェック！ 注意すべき単複同形の名詞

- species(種類)：a new species(新種)、different species(異なる種)
- means(手段・方法)：a means to an end(目的達成のための手段)、
  different means of transportation(さまざまな交通手段)

  ＊「資産、財産」という意味のmeansは複数形扱い。
  means test(［社会保障給付のための］資力調査）を政治経済で学んだ人もいるだろう。

②人間には道徳的価値があるが、それは道徳的価値を有する多くの生き物の中の一種としてでしかない。

③ The grizzly bear's right | to sufficient territory / for sustaining 〈life and reproduction〉 // has as much moral value (if not more) as a tree-cutting company's desire | to make a profit in that territory.

The grizzly bear's right(グリズリーベアの権利）が1つのカタマリ。non-human creatureであることより、本文は②の文の具体例であることがわかる。to sufficient territory(十分な生活領域を持つ)、territoryの説明がfor sustaining 〈life and reproduction〉(生活や繁殖を維持するための）でここまでがS。

has(=V) as much(=O) moral value (if not more) as「（より大きいとは言えなくても）同程度の道徳的価値を持つ」。ここでは、as much as ...とnot moreが対比されていることに注意。a tree-cutting company's desire(木材伐採会社の願望)、to make a profit in that territory(その地域で利益を上げたい)。to make ～がdesireの修飾部分。

③生命や繁殖を維持するために十分な生活領域を持つというグリズリーベアの権利は、それらの生活領域で利益を上げたいとする木材伐採会社の要望と（より大きいとは言えなくても）同程度の道徳的価値を持つのだ。

④ Even if maintaining the grizzly bear's habitat // means | some humans must live / in somewhat less spacious homes, / the loss of human convenience // by no means cancels the animal's moral claim to the forest.

Even ifの節内のSはmaintaining the grizzly bear's habitat(たとえグリズリーベアの生息地を維持することが)、means 〜(V：〜を意味するとしても)、some humans must live in somewhat less spacious homes(O：一部の人間がやや狭い家に住まなくてはならない)。spacious(広々とした) はspaceから派生した形容詞。spatial(空間の) もそう。こちらはspecialときちんと区別しておこう。

space→形容詞：spacious(広々とした)、spatial(空間の)
　　　接頭辞：spatio -(空間の)
注)special(特別な)

主節はthe loss of human convenience(人間の便利さがなくなること) が主語。これは前の「人間が少し狭い家に住まざるを得なくなること」を指す。by no means cancels (決して打ち消さない) がV。by no meansは「手段がまったくない→決して〜ない (= never)」という意味 (→【注意すべき単複同形の名詞】)。the animal's moral claim to the forest(その森林に対するその動物の道徳的主張) がO。この主張とはもちろん、「グリズリーベアが生活と繁殖のために森林を維持する」ことだ。

④たとえ、グリズリーベアの生息地を維持することが、一部の人間が幾分狭い住宅に住むことを強要されることを意味したとしても、人間が便利さを失うことは、決してクマの森林に対する道徳的要求を無効にすることにはならないのだ。

⑤ In short, animals have rights.
⑤つまり、動物も権利を有するということだ。

in short(つまり／要するに) からもわかるように、これがbiocentric environmental ethicsの中心概念になる。

⑥ Which animals have moral status, and whether plants do as well, // remain matters of dispute / among biocentric theorists.

この文はWhich animals have moral status(どの動物に道徳的地位があるのか）とwhether plants do as well(植物にも道徳的地位があるのか）がandで接続されていて、ここまでが文の主語。do as well＝have moral statusであることに注意。remainがVで、matters of dispute(論争のタネ)、among biocentric theorists(生物中心主義の理論家の間で）までがCである。

⑥どの動物に道徳的地位があり、また植物にも道徳的地位があるのかということは生物中心主義の理論家の間で論争が続いたままだ。

⑦ Nonetheless, ／ (5)biocentric theory expands the moral realm ／ beyond humans and hence implies greater moral obligations than anthropocentric ethics.

Nonetheless(それにもかかわらず)、biocentric theory expands(生物中心主義の理論は拡張した）がSV。the moral realm(道徳的な範疇(はんちゅう)を）がO、beyond humans(人間を超えたところへ)。and hence implies(そしてそれゆえ含意している)、greater moral obligations(より大きな道徳的義務を)、than anthropocentric ethics(人間中心主義の倫理よりも)。andが文の動詞であるexpandsとimpliesをつないでいることに注意。

ここで (5)「なぜ筆者はこのことを言ったのか?　本文中から理由を見つけ、説明せよ。解答は日本語で書け」について考える。⑦の文にthan anthropocentric environmental ethicsとあるので、第4段落で解説した「人間中心主義の環境倫理」とbiocentric theoryの違いを明確にするために筆者はこの文を書いたと考えられる。biocentric theoryとanthropocentric environmental ethicsの違いは、後者が自分と自分以外の他者という「人間」が倫理的尊重の対象であるのに対し、前者は人間に加えて、動植物という人間以外の生命においてもその権利を認める、より大きな道徳的義務を課しているところがその特徴である。よって、【解答例】は、

生命自体を尊重する理論であるbiocentric theoryでは、人は他者に対してだけでなく、動植物に対しても道徳的地位を認め、その権利を尊重する義務を負っているから。

となる。

⑦それにもかかわらず、生物中心主義の理論は道徳的な領域を、人間を超えて拡張し、それゆえ人間中心主義の倫理よりもより大きな道徳的義務を含意している。

マクロの視点 ▶ 第5段落の要点

生物中心の環境倫理
→人間以外の生物にも道徳的立場を認める。
→人間だけでなく他の生物の生存権も守る、より大きな義務が課される。

第6段落

① Ecocentric theory tackles a problem / at the heart of biocentric theory.

Ecocentric theory(＝S：生態系主義の理論は) tackles(＝V：取り組む) a problem(＝O：問題に)、at the heart of biocentric theory(生物中心主義の理論の核にある)。

①生態系中心主義の理論は、生物中心主義の理論の中心にある問題に取り組んでいる。

② In reality, / ecosystems work on the principle of eat and be eaten.

②実際、生態系は食うか食われるかの原理で作用している。

③ We may give the grizzly "rights," but the bear survives / by consuming 〈salmon, small animals, and so forth,〉 thus violating other living creatures' right to life.

may ～ but ... の連関に注意。We may give the grizzly "rights"(私たちはグリズリーベアに「権利」を与えることができるかもしれない)、but the bear survives(しかし、クマは生き延びている)、by consuming 〈salmon, small animals, and so forth,〉(サケや小動物などを食べることによって)、thus violating other living creatures' right to life(それゆえ、他の生き物の生存権を侵害することで)。

③私たちはグリズリーベアに「権利」を与えることができるかもしれない。しかしクマは、サケや小動物などを食べることで、したがって、他の生物の生存権を侵害することで生き延びている。

④ Humans are simply part of a complex food chain or web of life.

④人間も単に複雑な食物連鎖、すなわち、複雑に関係し合う生命体の一部なのだ。

⑤ Given this, / ecocentric theory asserts | that moral status should attach to ecological wholes, / from bioregions to the planetary ecosystem | (sometimes called Gaia).

Given this(このことを考慮すると) のgivenは前置詞で「〜を考慮すると」という意味。given 〜＝considering 〜＝taking 〜 into account(〜を考慮すると) に注意。thisは「食うか食われるかの生態系で生存するには、何かしら他の生物の権利を侵害していること」を指している。

ecocentric theory(＝S：生態系中心主義の理論が)、asserts(＝V：主張していることは)、that moral status(道徳的地位は) should attach to 〜(〜に付随すべきである)、ecological wholes(生態系全体に)。from bioregions to the planetary ecosystem(生物学的地域から地球全体の生態系まで) はecological wholesの説明になっている。さらに、the planetary ecosystemに追加説明のsometimes called Gaia(ガイアと呼ばれることもある) がカッコ付きで与えられている。

⑤このことを考慮すると、生態系中心主義の理論が主張していることは、道徳的地位を、生物学的領域から地球全体の生態系（ガイアと呼ばれることもある）まで、生態系全体に付与すべきだということである。

⑥ Ecocentric theorists are not concerned about particular 〈animals or even species〉, but ▲ with the entire evolutionary process.

この文はnot 〜 but ... に注意する。Ecocentric theorists are not concerned(生態系中心主義の理論家たちは関心がない)、about particular 〈animals or even species〉 (特定

の動物や種にさえも)。but ▲ with the entire evolutionary processの▲の部分にはconcernedが省略されている。

ここで

particular animals or even species ←(対比)→ the entire evolutionary process

という対比に注意。

be concerned about 〜＝be concerned with 〜＝be interested in 〜(〜に関心がある)も覚えておこう。

⑥生態系中心主義の理論家たちは特定の動物、あるいは特定の種にさえ関心がなく、生態系全体の進化過程に関心がある。

⑦ Evolution involves the "land," | broadly understood / to include all its 〈organic and nonorganic〉 components.

Evolution involves(進化に含まれているものは)、the "land"(「土地」である)。theがあるので、後ろに追加説明が続く。broadly understood(広義に理解されている)は過去分詞の形容詞用法。to include all its 〈organic and nonorganic〉 components(そこにある有機物・無機物全て含める(と))。itsはthe "land"を指す。

⑦進化に含まれているのは、そこにある全ての有機物・無機物を含んだ広義の「大地」である。

⑧ To 〈disrupt or dcstroy〉 the evolutionary process, // reducing the diversity of life and the 〈stability and beauty〉 of the natural system, / is unethical.

To 〈disrupt or destroy〉 the evolutionary processは文頭の不定詞なので、副詞用法と名詞用法(＝S)の可能性があるが、ここでは後者。副詞用法と捉えると「その進化過程を撹乱したり破壊したりするために」となり、本英文のテーマである環境倫理に反する。よって、「その進化過程を撹乱(かくらん)したり破壊したりすること」の意味である。

文頭の不定詞がSで、文末のis unethical(反倫理的である) がVCとなる。間のreducing(減らす) は、動名詞ではなく分詞構文と考える。分詞構文reducingの目的語はthe diversity of life(生命多様性) とthe 〈stability and beauty〉 of the natural system(自然システムの安定性と美しさ) となる。diversity(多様性) は自由英作文などでのキーワード【例：cultural diversity(文化的多様性)、biodiversity(生物多様性)】であるので覚えておこう。

⑧生態系の進化過程を撹乱したり破壊したりすることは、生命多様性や自然システムの安定性や美しさを減らしてしまうことになるので、反倫理的である。

⑨ As Aldo Leopold, ／ the environmental philosopher | who first developed the land ethic, ／／ put ／ in his 1949 book, *A Sand County Almanac and Sketches Here and There*, ／ "A thing is right ／ when it tends to preserve the 〈integrity, stability, and beauty〉 of the biotic community. It is wrong ／ when it tends otherwise."

Aldo Leopold(アルド・レオポルド) がAs節のS。これと同格なのがthe environmental philosopher(環境哲学者) で説明が後続の関係詞節who first developed the land ethic (初めて大地の倫理を展開した)。put(言った) がAs節のV。put＝sayであることに注意。in his 1949 book(彼の1949年の本で)、*A Sand County Almanac and Sketches Here and There*(野生のうたが聞こえる) がその書名。

A thing is right(あることが正しいのは)、when it tends to preserve(それが～を保存することに資する場合)。続くthe 〈integrity, stability, and beauty〉 of the biotic community (生物共同体の統合性、安定性、および美しさ) がpreserveの目的語。It is wrong(間違っているのは)、when it tends otherwise(それ以外の結果につながる場合である)。tendはこの場合「(ある方向へ) 向かう」という意味。

⑨初めて大地の倫理を展開した環境哲学者である、アルド・レオポルドが1949年の自著『野生のうたが聞こえる』の中で言っているように、「あることが正しいのは、それが生物共同体の統合性、安定性、および美を保全するのに資する場合である。正しくないのは、それ以外の結果につながる場合である」。

⑩ The emphasis here // is on the word "community."

⑩ここで強調されているのは「共同体」という言葉だ。

マクロの視点 ▶ 第6段落の要点

生態系中心主義の環境倫理
善→生態系の統合性・安定性・美しさを保全する行為
悪→生態系の統合性・安定性・美しさを乱す行為

第7段落

① Each of these approaches // suggests the need for change / in the practice of international politics.

Each of these approaches(＝S：こうした方法論のそれぞれが)、suggests(＝V：提起していることは)、the need for change(＝O：変化の必要性である)、in the practice of international politics(国際政治の慣行における)。these approachesが指しているものはanthropocentric, biocentric, ecocentricという3つの環境倫理である。

①こうした方法論のいずれも国際政治の慣行における変化の必要性を提起している。

② Anthropocentric environmental ethics // implies the least extensive reform, / although these still could be far-reaching, / especially with regard to current economic arrangements.

Anthropocentric environmental ethics(＝S：人間中心主義の環境倫理が)、implies(＝V：含意していることは)、the least extensive reform(＝O：最も範囲が狭い改革である)。although these still could be far-reaching(それでも、これらは広範囲に及ぶだろうが)。theseはthe least extensive reformがもたらす効果を指すので複数形の代名詞になっている。また、far-reachingは形容詞で「広範囲に及ぶ」。そして、couldが使われているのは、「the least extensive reformが実行されたら」という意味の仮定だからである。especially with regard to current economic arrangements(とりわけ、現代の経済の取り決めに関して)。ここではwith regard to ～(～に関して)に注意。

②人間中心主義的な環境倫理が含意しているのは最低限の拡張的改革であるが、これでも特に現代の経済の取り決めに関しては、影響は広範囲に及ぶであろう。

③ Developed industrial economies // rely heavily on global natural resources, / such as areas | to dispose of pollutants.

Developed industrial economies(＝S：先進工業国経済は)、rely heavily on(＝V：極度に依存している)、global natural resources(地球の天然資源に)、such as(たとえば)、areas | to dispose of pollutants(汚染物質を処分する場所)。to dispose ～は不定詞の形容詞用法でareasの追加説明をしている。

③先進工業国経済は、たとえば汚染物質の処分場などで、地球の天然資源に極度に依存している。

④ For example, / reliance on fossil fuels // leads to increases in CO_2 in the atmosphere, and in turn to global warming.

For example(たとえば) から、④の文では③の文の具体例が示されることがわかる。reliance on fossil fuels(化石燃料に頼ること) がSでleads(つながる) がV。化石燃料とは、石油 (oil)、石炭 (coal)、天然ガス (gas) を指す。to increases in CO_2 in the atmosphere(大気中のCO_2の増加に)、and in turn(そして次に) to global warming(地球温暖化に)。lead to ～(～につながる／導く) のto ～の部分が2つあることに注意。

④たとえば、化石燃料に依存することで、大気中のCO_2が増加し、ひいては地球温暖化を招くことになる。

⑤ Developing countries | undergoing industrialization // will draw on the atmosphere's capacity | to absorb greenhouse gases.

Developing countries(発展途上国) | undergoing industrialization(工業化が進行中の) ここまでがS、will draw on ～(～を当てにする) がV。the atmosphere's capacity (大気の能力) | to absorb greenhouse gases(温室効果ガスを吸収する) が「名詞＋修飾」の関係。ここで、greenhouse(温室) は環境問題の「温室効果」という意味で使われ

ている。greenhouse gases(温室効果ガス) とは、CO_x(炭素酸化物) やNO_x(窒素酸化物) などを指す。

⑤工業化が進む発展途上国は、大気が温室効果ガスを吸収する力を当てにすることになる。

⑥ The added load, / along with already high levels of emissions / from developed countries, // could push the environment beyond a critical level, / setting off disastrous climate changes / because of global warming.

The added load(加えられる負荷は) がS。これは前文⑤の「工業化が進む発展途上国」が「新たに大気に放出する温室効果ガス」のこと。along with already high levels of emission(既にハイレベルにある排気とともに)、from developed countries(先進国が放出した) までが追加説明。

could push(追いやるだろう) がV。couldとなっているのは仮定法のため。the environment(環境を) がO、beyond a critical level(臨界水準を超えて)。setting off ～(～を引き起こす) は、直前の名詞a critical levelを意味的に修飾していないので分詞構文。disastrous climate changes(深刻な気候変動)、because of global warming(地球温暖化のせいで)。

無生物主語の処理

「無生物主語＋will ／ would・couldなど＋...」という英文の場合、無生物主語の部分をif節「～ならば」のように訳すとうまくいくことが多い。

例) The added load could push the environment beyond a critical level.

さらなる負荷が加わったら、環境は臨界水準を超えることもありうるだろう。

⑥すでに高い水準にある、先進国の排気量にさらに発展途上国からの負荷もかかることで、地球環境は臨界水準を超えてしまい、地球温暖化のせいで破滅的な気候変動が生じる可能性もある。

⑦ These climate problems // could lead to 〈crop failures and destructive storms | damaging coastal cities.〉

These climate problemsがS。これは⑥の文のdisastrous climate changesを指す。could lead to 〜(〜を招きうる) がV。ここもcouldが使われているので、⑥の文の「仮定」が続いていることがわかる。

crop failures(農作物の収穫不良)、and destructive storms(および破壊的暴風雨) がandで結ばれている。そして、destructive stormsには追加説明damaging coastal cities(沿岸部の都市に被害を与える) が付いている。

⑦こうした気候の問題が農作物の収穫不良や沿岸部の都市に被害を与える破壊的な暴風雨を招きうる。

⑧ What is fair under these circumstances?

この疑問文は新たな問題提起。these circumstances＝「先進国がかなりの温室効果ガスを排出しているところに工業化している途上国がさらに排出することで、地球温暖化が進行し深刻な気候変動が生じる状況」であることを押さえておこう。

⑧こうした状況下では何が公正なのであろうか?

⑨ Should developed countries make radical changes — such as 〈decentralizing and deindustrializing〉 — in their economic arrangements?

decentralizing(分権化) は、centralizing(中央集権化) の対立概念。ここでは、富が先進国に偏在している状況を是正することを示す。また、deindustrializing(脱工業化) とは、国家の主要産業が第二次産業である工業から脱却し、第三次産業であるサービス産業へ移行する状態を指す。

ここも問題提起である。公正な状態を実現するために先進国が何をすべきかという問題が具体的に書かれている。

⑨先進国は自らの経済的な制度や仕組みにおいて（分権化や脱工業化のような）抜本的な変化を起こすべきなのだろうか？

⑩ Should they refrain from adding the potentially disastrous increase of greenhouse gases | that will push the climate over the level of disaster?

Should they（= developed countries） refrain（彼らは抑制すべきなのではないか）、from adding（付け加えることを）、the potentially disastrous increase（破滅的な可能性がある増加を）、of greenhouse gases（温室効果ガスの）。

続く関係代名詞thatの先行詞は直前のgreenhouse gasesではなくpotentially disastrous increaseであることに注意。関係詞節のwill push the climate over the level of disaster（気候を災害のレベルを超えるところまで押し上げる）から判断できる。

⑩先進国は、災害発生水準まで気候を上昇させることになるかもしれない破滅的な温室効果ガスの増加にさらなる拍車をかけないようにすべきだろうか？

この⑩の疑問文も⑧の疑問文を、より詳しく説明する働きをしている。

⑪ **If yes, then** anthropocentric environmental ethics // calls for far-reaching 〈social and economic〉 change.

If yes（もしそうなら）は⑨と⑩の疑問文の答えがyesであるならば、ということである。**then**からは帰結節（→【POINT 2】）。anthropocentric environmental ethics（= S：人間中心主義の環境倫理は）、calls for 〜（要求する）がV、far-reaching 〈social and economic〉 change（広範囲に及ぶ社会的、経済的変化）がO。

第7講／国際関係と環境倫理

条件節と帰結節 If ～, then …

・「条件節」とは「～ならば」という条件を設定している文。
・「帰結節」とは「…になるだろう」という条件に対する結論を表している文。
・英語では、どこまでが条件節でどこからが帰結節かをはっきりさせるために、副詞thenが置かれることが多い。
・ちなみに、数学の「命題と論理」で出てくる「P⇨Q」は英語にすると、If P, then Q.となる。

⑪もしそうならば、人間中心主義の環境倫理は、広範囲に及ぶ社会的かつ経済的変化を求めることになる。

マクロの視点 ▶ 第7段落の要点

3つの環境倫理→現行の国際政治に大変化を求める。
例）温室効果ガス排出問題
先進国は排出を大幅抑制
→人間中心主義の環境倫理でも広範囲に及ぶ社会的・経済的変化が必要となる。

▶ 第8段落

① Biocentric environmental ethics // also implies considerable economic change.

①生物中心主義の環境倫理もまた相当な経済的変化を意味する。

consider の形容詞形	①considerable：かなり多くの／相当な
	②considerate：思いやりのある

② If animals have moral status, / then ⟨killing them or destroying their habitat⟩ for human benefit // is unacceptable.

If animals have moral status(もし動物に道徳的地位があるなら)、ここでmoral statusとは「道徳が適用される対象」ということ。帰結節（→【POINT 2】）は〈killing them or destroying their habitat〉for human benefit(人間の利益のために動物を殺すことあるいは動物の生息地を破壊すること）がS。is unacceptable(受け入れられない)。

②もし動物に道徳的地位があるなら、人間の利益のために動物を殺したり、動物の生息地を破壊したりすることは受け入れられない。

③ In particular, / the massive species loss | resulting from deforestation // is a moral failure / even if humans profit.

In particular(特に）とあるので、②の文の具体例が出てくると予測。the massive species loss(大規模な種の絶滅）がS。その追加説明がresulting from deforestation(森林伐採の結果)。deforestation(森林伐採）は環境問題をテーマ（頻出!）にした自由英作文では有用。is a moral failure(道徳的破綻である)、even if humans profit(たとえ人間が利益を得ても)。

③特に、森林伐採の結果、種が大量絶滅することは、たとえ人間が利益を得たとしても、道徳的失敗である。

④ Likewise, / agricultural practices | that rely on〈pesticides and fertilizers〉| that harm nonhuman species // should be reduced.

④Likewise(同様に）とあるので、③の文と同じく具体例である。agricultural practices(農業の慣行)、that以下はagricultural practicesを説明する関係詞節。rely on 〜(〜に依存する)、〈pesticides and fertilizers〉（農薬と肥料)、この2つの名詞を修飾するのがthat以下（関係詞節)。harm nonhuman species(人間でない種に害を与える)。Vはshould be reduced(減らすべきである)。

第7講／国際関係と環境倫理

チェック！ -cide:「殺す」という意味

・pesticide：農薬（pest〔害虫〕を殺す）　・insecticide：殺虫剤（insect〔昆虫〕を殺す）
・homicide：殺人（homo-〔人間〕を殺す）　・suicide：自殺（sui〔自ら〕を殺す）
・genocide：大量虐殺（＝massacre／geno-〔人種〕を殺す）など

④同様に、人間以外の生物に有害な農薬や肥料に依存した農業を実践することは減らすべきである。

⑤ Warfare's effects on nonhuman living things // would also need to be evaluated.

Warfare's effects on nonhuman living things（戦争が人間以外の生物に与える影響）までがS。would also need to be evaluated（評価される必要があるだろう）のwouldは仮定法。ちなみに、「福祉」を表すwelfareという語は、1930年代末の英国で、ナチスドイツを表すwarfare state（戦争国家）に対比してwelfare state（福祉国家）という言葉が造語されたことによる。

⑤戦争が人間以外の生物に及ぼす影響も、評価される必要があろう。

⑥ Just-war theory // generally evaluates unintended damage's significance / in the context of citizens 〈killed or injured〉 / due to military actions.

Just-war theory（＝S：正戦論は）、generally evaluates（＝V：一般的に評価する）、unintended damage's significance（＝O：意図せぬ被害の意味を）。正戦論とは「自分たちが関わる戦争は正義などの大義のために行う"正しい"戦争である」という主張のこと。unintended damage（意図せぬ被害）とは、戦争において一般市民（＝非戦闘員）を死傷させたり、戦争とは無関係な施設や住居などを破壊したりすることで生じる被害を指す。戦時国際法（＝戦争に関する国際的なルールや取り決め、慣習のこと）では、降伏あるいは投降した敵国兵士への暴力や、非戦闘員への攻撃を禁止している。戦争のルールを定めた戦時国際法を守らない暴力行為に「テロリズム」（terrorism）がある。テロは無関係な一般市民の無差別攻撃や政府要人の暗殺などの暴力行為で、社会を恐怖に陥れ、自らの政治的主張を実現させようとするものである。

in the context of ～(～に照らして)、citizens | 〈killed or injured〉(死傷した市民)、killed or injuredは後にOがないので、過去分詞の形容詞用法。due to military actions(軍隊の行為によって)。

⑥一般的に正戦論は、軍隊の行為によって死傷した市民という観点から、意図せざる被害の意味を評価する。

⑦ Yet / unintended damage also 〈kills and injures〉 animals | that have even 〈less interest and less say〉 in the conflict than citizens.

まず、⑥の文のgenerallyと文頭のYetとの相関（一般的には～だがしかし…）に気づくこと。もちろん、逆接を表すYetの後に続く内容の方が重要だ。unintended damage(＝S：意図せざる被害が) also 〈kills and injures〉(＝V：また死傷させているのは)、animals(＝O:動物たちである)。that以下がanimalsの追加説明。have even 〈less interest and less say〉 in the conflict(紛争においてさらに少ない利害や発言権しかない)。interest(利害) とsay(発言権) の意味に注意。このevenはless interestとless sayを強調している副詞。than citizens(市民よりも)。

⑦しかしながら、意図せざる被害の中には、紛争において市民よりもさらに利害関係や発言権のない動物の死傷もあるのだ。

⑧ Should their right to life be considered? / Biocentric ethics would say yes.

「自問自答の原則」にきちんと当てはまっていることを確認（→【第3講POINT 2】)。their right to life(動物たちの生きる権利) がS、should be considered(考慮されるべきである) がVの疑問文。この疑問文に対する答えが、Biocentric ethics would say yes.(生物中心主義の倫理ならばそうだと言うだろう)。

⑧動物たちの生きる権利は考慮されるべきであろうか？　生物中心主義の倫理ならば考慮されるべきだと答えるだろう。

⑨ (6)If so, ／ virtually the entire practice of modern war ／／ might be held as fundamentally immoral.

If so(もしそうだとすれば)、virtually(事実上)、the entire practice of modern war(＝S：近代戦争という行為すべてが)、might be held as 〜(＝V：〜として考えられるかもしれない)、fundamentally immoral(根本的に不道徳である)。

⑨もしそうであるならば、実質的に近代的戦争という行為全てが、根本的に不道徳であると見なされるかもしれない。

ここで (6) の「筆者の論理展開を用いて、下線部 (6) を書いた理由を説明せよ。日本語で書け」を考える。生物中心主義の環境倫理では、人間以外の動物も道徳的地位を持つ倫理の対象だ。しかし、正戦論における「意図せぬ被害」は一般市民の死傷者数で測られ、動物をその対象としていない。これは不道徳である。以上のことをまとめて日本語で説明すればよい。これらを踏まえ、

生命そのものが持つ価値を重んじる考え方に基づく倫理観では、戦争は人間に対してのみならず、動物（や植物）に対してもその生命を脅かすことになるため、戦争行為は本質的に非道徳的行為につながるから。

などと答えるとよい。

マクロの視点 ▶ 第8段落の要点

生物中心主義の環境倫理→動物も道徳的地位を有する。

動物の生存権を認めるならば、近代戦争は一般市民のみならず動物も死傷させるため不道徳。

第9段落

① Ecocentric ethics implies the strongest criticism of current practices.

①生態系中心主義の倫理は、現行の慣行に対する最も強力な批判を含意している。

the strongest criticismとは何か？　ということに留意して読み進める。

② Disrupting 〈the ecological cycle or the evolutionary process〉 // is morally unacceptable.

Disrupting 〈the ecological cycle or the evolutionary process〉（＝S：生態系のサイクルや進化の過程を撹乱させること）、is morally unacceptable（道徳的に受け入れられない）。

②生態系のサイクルや進化過程を撹乱することは道徳的に受け入れられない。

③ Most current 〈economic or military〉 practices // would not be acceptable.

「生態系中心主義の環境倫理を基準とすると」という仮定があるので、wouldが付いている。

③現在の経済的・軍事的慣行のほとんどは受け入れられないだろう。

④ Indeed, / in its strong form, / ecocentric ethics would require a major reduction / in the human population, / since the 7.5 billion people / now on earth // are already disrupting the evolutionary process and will continue to do so / as the world population grows to 〈10 billion or more〉.

Indeed（実際）、in its strong form（その強硬派では）。its＝ecocentric ethicsであることに注意。ecocentric ethics would require（＝SV：生態系中心主義の倫理なら要求するだろう）、a major reduction / in the human population（＝O：人口の大規模な削減を）。

since(というのも)、the 7.5 billion people ／ now on earth(＝S：現在地球上にいる75億人は)、are already disrupting(＝V：既に攪乱している)、the evolutionary process(＝O：進化の過程を)、and will continue to do so(そしてそうし続けるだろう)。andはareとwillを結んでいる。do so＝disrupt the evolutionary processであることにも注意。as the world population grow(世界人口は増加していくので)、to〈10 billion or more〉(100億以上へと)。as以下の節は、will continue to do soにかかる。

④実際、強硬なものであれば、生態系中心主義の倫理は人口の大幅な削減を要求するだろう。というのも、現在地球上にいる75億人が既に進化の過程を攪乱していて、世界の人口は100億以上へと増加していくので今後もそうであり続けるからだ。

⑤ Political institutions must be replaced, ／ either with one-world government ｜ capable of implementing ecocentric environmental policy, or with ecologically based bioregional political units (ecocentric theorists hold differing views on ｜ whether 〈authoritarian government or more democracy〉 ／／ is needed ／ to make ecocentrism effective ／ in practice).

Political institutions must be replaced(＝SV：政治制度も代えなければならない)。eitherがあるので、either A or Bの形を予測し、またreplace＋A＋with＋B(AとBを取り替える)なので、withが登場することを予測する。with one-world government(単一世界政府と)、capable of implementing ecocentric environmental policy(生態系中心主義の環境政策を実行することのできる)。capable of ～がone-world governmentを修飾している。

or with ecologically based bioregional political units(生態系を基礎とする生物学的地域ごとの政治単位と)。カッコ内はecocentric theorists hold differing views(生態系中心主義の理論家は異なる見解を持っている)。on ｜ whether 〈authoritarian government or more democracy〉(権威主義的政府かあるいはさらなる民主主義が～かどうか)、is needed (必要とされているのか)、to make ecocentrism effective ／ in practice(実際に生態系中心主義を実効的なものにするために)。

ここまで読んで気づいてほしいのは、one-world government＝authoritarian

governmentでecologically based bioregional political units＝more democracyであることだ。世界中を1つの政府で統治するためには強力な権力が必要となる。それゆえ、強権的なauthoritarian government(権威主義的政府）になる。また、山、河川、森林、草原、沿岸部、海などの生物学的地域ごとに政治単位を設定すると、現在の国家単位よりも民主主義的になる。それゆえ、more democracyということになる。

⑤政治制度は、生態系中心主義の環境政策を遂行できるような単一世界政府か、もしくは、各生態系を基礎とする生物学的地域ごとの政治単位に置き換えられなければならない（実際に生態系中心主義を実効的なものにするためには、権威的主義政府が必要なのか、さらなる民主主義が必要になるのかに関して、生態系主義の理論家はさまざまな見解を持っている)。

⑥ (7)If bioregionalism were adopted, / world trade would come to an end / since each bioregion would be self-sustaining.

If bioregionalism were adopted(生物学的地域主義が採用されたとしたら)。ここは仮定法過去。⑤の文で、ecologically based bioregional political units＝more democracyということを指摘した。bioregionalismはこの政治単位を基礎とすることを主張する考え方ということになる。world trade would come to an end(世界貿易は終焉を迎えるだろう)。since each bioregion would be self-sustaining(各生物学的地域は自己持続的であるからだ)。ここで（7）「なぜ筆者はこう言ったのか？　文章からその理由を説明せよ。解答は日本語で書け」を考える。生物学的地域ごとに政治単位を振り分けると、経済もその生物学的地域内で自己完結できるはずだ。なぜなら、生物学的地域は自己持続的だからだ。つまり、自給自足の状態なのである。よって、世界貿易は不要となる。【解答例】は、以下の通り。

生物学的地域ごとに政治単位を定める生物学的地域主義においては、その地域は自己持続的であるので自給自足が可能であるため、世界貿易は不要になるから。

⑥もし、生物学的地域主義が導入されたら、世界貿易は終焉を迎えるだろう。なぜなら、各生物学的地域は自己持続的だからだ。

⑦ Wasteful resource use // would be reduced.

⑦浪費的な資源利用も減ることだろう。

⑧ Long-term sustainability / in harmony with the needs of other living things // would be the desired end.

Long-term sustainability(長期的な持続可能性)、in harmony with the needs of other living things(他の生物のニーズと調和した)までがS。in harmony with ～(～と調和して)は自由英作文などで使えるフレーズなので覚えておこう。would be the desired end(望ましい目的となるだろう)。

⑧他の生物が求めるものと調和した長期的な持続可能性が望ましい目的になるだろう。

⑨ For some ecocentric thinkers, / the model is 〈a hunter-gatherer society or a peasant agriculture society.〉

the modelは「理想とする社会のお手本」ということ。

⑨一部の生態系中心主義の思想家にとっては、お手本は狩猟採集型社会や小作農主体の農業社会である。

チェック！ 農業関連語

・peasant：小作農、小作人、百姓／・farmer：農場経営者／
・dairy farming：酪農／・poultry farming：養鶏／
・ranch：牧場／・animal husbandry：畜産

マクロの視点 ▶ 第9段落の要点

生態系中心主義の環境倫理→「世界単一政府」or「生物学的地域ごとの政治単位」を志向。

生物学的地域主義→世界貿易は消滅。

狩猟採集型社会や小作農主体の農業社会を理想とする思想もある。

▶ 第10段落

① Environmental ethics in each form // carries important implications / for the practice of international politics.

Environmental ethics in each form(＝S：どの種類の環境倫理も)、これは、(1) 人間中心主義、(2) 生物中心主義、(3) 生態系中心主義の3つの種類の環境倫理を指している。carries important implications(＝VO：重要な意味を伝えている)、for the practice of international politics(国際政治の慣行に対して)。

①いずれの環境倫理も国際政治の慣行に対して重大な意味を伝えている。

② Yet the environmental ethics literature // usually pays little attention to / obvious features of the international system.

②しかし、環境倫理の文献は通常、国際システムの明らかな特徴にほとんど注意を払っていない。

obvious features of the international systemとは何かを意識しながら読み進める。

③ This is not to say | that environmental ethics bears no relationship to political realities.

This is not to say 〜(これは〜と言うことではない)、Thisは前文②の内容を指す。that environmental ethics bears(環境倫理が有している)、no relationship to political realities(政治的現実と無関係)。political realities＝obvious features of the international systemということがわかればよい。

第7講 / 国際関係と環境倫理

③これは、環境倫理が現実の政治と無関係であると言っているのではない。

④ If realism (the theory of power politics) and liberal institutionalism (the theory | emphasizing interdependence and the possibilities for cooperation) // both contain implicit environmental ethics, / then environmental ethics contains implicit political theory.

If realism (the theory of power politics) and「もし現実主義（パワー・ポリティクスの理論)」と、liberal institutionalism(リベラルな制度主義）はandで併置されている。(the theory | emphasizing(強調する理論)、interdependence and the possibilities for cooperation(相互依存と協力の可能性を))、ここまでがif節のS。both contain(ともに含んでいる）がV、implicit environmental ethicsがO(暗黙の環境倫理を)。implicit(暗示的)／explicit(明示的）はセットで覚えよう。ここまでが条件節。

thenからは帰結節（→【POINT 2】)。environmental ethics contains(＝SV：環境倫理が含んでいるものは)、implicit political theory(＝O：暗示的な政治理論である)。

④もし現実主義（パワーポリティクスの理論）とリベラルな制度主義（相互依存と協力の可能性を強調する理論）が双方とも暗に環境倫理を含んでいるならば、環境倫理も暗に政治理論を含んでいる。

⑤ Yet without explicit attention to international political theory, / environmental ethics lacks the basis | to determine | which of its recommendations is feasible, and | which ▲ utopian.

Yet(しかし)、without explicit attention(明確な注目がなければ)、to international political theory(国際政治理論への)、environmental ethics lacks(＝SV：環境倫理は欠くことになる)、the basis | to determine(＝O：決断する基礎を)、which of its recommendations is feasible(どちらの提言の方が実行可能で)、and | which▲ utopian (どちらが実行不可能かを)。ここは、which (of its recommendations is) utopianのカッコの部分が省略された形。また、feasibleとutopianは対比されている。whichは、現実主義とリベラルな制度主義という2つの国際政治理論の「どちら」ということ。

⑤しかし、国際政治理論への明確な注目がなければ、環境倫理はどちらの提言が実行可能でどちらの提言が実行不可能かを決断する基礎を欠くことになる。

マクロの視点 ▶ 第10段落の要点

環境倫理はその基礎として、国際政治理論（現実主義／リベラル制度主義）を必要とする。

マクロの視点 ▶ 段落間の流れ

第1段落 ▶ 問題提起　環境倫理を国際関係に取り入れることは可能か？
第2段落 ▶ 環境倫理の現状　環境倫理は国際関係を射程に入れてこなかった。
第3段落 ▶ 2つの国際政治理論と環境倫理　現実主義とリベラル制度主義
環境倫理は政治的実践をいかに変えるべきか？

第4段落 ▶ 3つの環境倫理（人間中心主義／生物中心主義／生態系中心主義）と人間中心主義の環境倫理とは何か
第5段落 ▶ 生物中心主義の環境倫理とは何か
第6段落 ▶ 生態系中心主義の環境倫理とは何か

第7段落 ▶ 人間中心主義の環境倫理と国際政治
第8段落 ▶ 生物中心主義の環境倫理と国際政治
第9段落 ▶ 生態系中心主義の環境倫理と国際政治

第10段落 ▶ 環境倫理における国際政治理論の重要性

解答例

(1) 軍事力と生存欲求が支配する国際関係にあっては、自分が生き残ることが最優先されるので、他者に対する関心は限定的で不足したものになってしまうし、自然環境に対する関心はなおさらなくなってしまうということ。

(2) It refers to international relations and environmental ethics.

(3) Human beings.

(4) 現行の持続不可能な資源利用の様式や、土地を農業や都市利用の用途に転換するという慣行が、とりわけ将来世代を考慮した際に、人間にとって利益よりも害をもたらすこと。

(5) 生命自体を尊重する理論であるbiocentric theoryでは、人は他者に対してだけでなく、動植物に対しても道徳的地位を認め、その権利を尊重する義務を負っているから。

(6) 生命そのものが持つ価値を重んじる考え方に基づく倫理観では、戦争は人間に対してのみならず、動物（や植物）に対してもその生命を脅かすことになるため、戦争行為が本質的に非道徳的行為につながるから。

(7) 生物学的地域ごとに政治単位を定める生物学的地域主義においては、その地域は自己持続的であるので自給自足が可能であるため、世界貿易は不要になるから。

全訳

環境倫理は国際関係に対してどんな難問を示しているのであろうか？　国際関係は通常、パワーポリティクスの領域であると理解されている。つまり、軍事力と生存欲求が支配する世界である。この世界においては、他者に対する道徳的な関心は、限定的であるか完全に不足している。ましてや自然に対する関心はなおさらない。環境倫理（人間が地球とどのように関わり合うかを手引きする原理群）は、私たちが人間を越えて他の生物や、生物学的地域や生態系のような自然「全体」に道徳的配慮を広げていくように求める。環境倫理の広範囲に及ぶ道徳的主張を、競争的で軍事化された経済的に不平等な政治システムに導入することは可能なのだろうか？

環境倫理の探究には今では長い歴史があるが、あるいは人間が自然環境に対して負っている借りに関する議論は、概（おおむ）ね国際政治や国際関係論、また国際倫理の文献にすら言及することなく進められてきた。したがって、実際の政治は多くの場合考慮されていない。そして国際関係を専攻する学者たちは、自分たちの研究と環境倫理の関係をほとんど考慮してこなかった。

この2つの学問分野を同じ土俵に持ち込むことは可能だ。国際政治理論には、人間が環境とどう関わるべきかを理解する上で深い意味合いがある。リアリズムとリベラルな制度主義（国際関係論の主流理論）は、どんな政治的、経済的、社会的目標が望ましいのかを提起することで、どんな環境的価値が普及すべきかをも含意している。リアリズムとリベラルな制度主義が示しているのは、人間がどんな世界を作るべき、あるいは作ることができるかということであり、それらを示すことで、私たちがどう環境と関わるべきかを伝えているのだ。その場合の問題は、環境倫理が世界政治において重視されるべきか否かということではなく、環境倫理が世界政治においてどのように重視されるべきかということである。つまり、実際のところ、どの環境倫理が本当に重要であるのか、どの環境倫理が重視されるべきなのか、そして、どんな障害によって、政治的慣行における必要な変化が生じていないのかということである。

環境倫理は、人間中心、生物中心、生態系中心のものが考えられる。人間中心主義の倫理とは、人間が互いに何を負っているかということである。人間中心主義の倫理は、人間の幸福にどんな影響を及ぼすかという観点から環境政策を評価する。たとえば、鉱物のような天然資源の乱用は、原住民族が依存する森林を破壊する可能性がある。環境破壊の道徳的評価は、森林を追われた部族とその鉱物から恩恵を受ける消費者を含めた、全ての人間集団の権利、幸福、公正な処遇という観点から進められる。人間中心の環境倫理が一般的に要求しているのは、現状以上の環境保全である。現在の持続不可能な資源利用様式と土地の農業用地や都市用地への転換が意味するのは、特に将来世代を考慮に入れた場合、現在の慣行が人間に利益よりも害をもたらすということだ。それでも、多くの識者たちは、人間中心の環境倫理は不十分だと思っている。というのも、人間中心の環境倫理は、他の生物の、地球を共有するという自然権を認めていないように見えるし、それらの生物の人間にとっての価値しか考慮していないからだ。

生物中心の環境倫理は、道徳的地位を人間以外の生物に付与することで、こうした欠点を訂正しようとしている。人間には道徳的価値があるが、それは道徳的地位を有する多くの生き物の一種としてでしかない。生命や繁殖を維持するために十分な生活領域を持つというグリズリーベアの権利は、その生活領域で利益を上げたいとする木材伐採会社の要望と（より大きいとは言えなくても）同程度の道徳的価値を持つのだ。たとえ、グリズリーベアの生息地を維持することが、一部の人間が幾分狭い住宅に住まなくてはならないことを意味するとしても、人間が便利さを失うことは、決してクマの森林に対する道徳的要求を無効にすることにはならないのだ。つまり、動物も権利を有するということだ。どの動物が道徳的地位を有するか、また植物が道徳的地位を有するかどうかも、生物中心主義の理論家の間では論争中の問題である。それにもかかわらず、生物中心主義の理論は、道徳的な領域を、人間を超えて拡張し、それゆえ人間中心主義の倫理よりもより大きな道徳的義務を含意している。

生態系中心主義の理論は、生物中心主義の理論の中心にある問題に取り組んでいる。実際、生態系は食うか食われるかの原理で作用している。私たちはグリズリーベアに「権利」を与えることができるかもしれない。しかしクマは、サケや小動物などを食べることで、したがって、他の生物の生存権を侵害することで生き延びている。人間も単に複雑な食物連鎖、すなわち、複雑に関係し合う生命の一部なのだ。このことを考慮すると、生態系中心主義の理論が主張していることは、道徳的地位は、生物学的地域から地球全体の生態系（ガイアと呼ばれることもある）まで、生態系全体に付与すべきだということである。生態系中心主義の理論家たちは特定の動物、あるいは特定の種にさえ関心がなく、生態系全体の進化過程に関心があるのである。進化に含まれているのは、そこにある全ての有機物・無機物を含んだ広義の「大地」である。生態系の進化過程を撹乱したり破壊したりすることは、生命多様性や自然システムの安定性や美しさを減らしてしまうことになるので、反倫理的である。初めて大地の倫理を展開した環境哲学者である、アルド・レオポルドが1949年の自著『野生のうたが聞こえる』の中で言っているように、「あることが正しいのは、それが生物共同体の統合性、安定性、および美を保全するのに資する場合である。正しくないのは、それ以外の結果につながる場合である」。ここで強調されているのは「共同体」という言葉だ。

こうした方法論のいずれも国際政治の慣行における変化の必要性を提起している。人間中心主義的な環境倫理が含意しているのは最も範囲の狭い改革であるが、これでも特に現代の経済の取り決めに関しては、広範囲なものになるだろう。先進工業国経済は、たとえば汚染物質を処分する場所などで、地球の天然資源に極度に依存している。たとえば、化石燃料に依存することで、大気中のCO_2が増加し、ひいては地球温暖化を招くことになる。工業化が進む発展途上国は、大気が温室効果ガスを吸収する力を当てにすることになる。すでに高い水準にある先進国の排気量にさらに発展途上国からの負荷もかかることで、地球環境は臨界水準を超えてしまい、地球温暖化のせいで破滅的な気候変動が生じる可能性もある。こうした気候の問題が農作物の収穫不良や沿岸部の都市に被害を与える破壊的な暴風雨を招きうる。こうした状況下では何が公正なのであろうか？　先進国は自らの経済的な制度や仕組みにおいて（分権化や脱工業化のような）抜本的な変更を加えるべきなのだろうか？　先進国は、気候に災害の水準を超えさせることになるかもしれない破滅的な温室効果ガスの増加に拍車をかけないようにすべきだろうか？　もしそうならば、人間中心主義の環境倫理は、広範囲に及ぶ社会的かつ経済的変化を求めることになる。

生物中心主義の環境倫理もまた相当な経済的変化を意味する。もし動物に道徳的地位があるなら、人間の利益のために動物を殺したり、動物の生息地を破壊したりすることは受け入れられない。特に、森林伐採の結果、種が大量絶滅することは、たとえ人間が利益を得たとしても、道徳的な失敗である。同様に、人間以外の生物に有害な農薬や肥料に依存した農業の慣行も減らすべきである。戦争が人間以外の生物に及ぼす影響も、評価される必要があろう。一般的に正戦論は、軍隊の行為によって死傷した市民という観点から、意図せざる被害の意味を評価する。しかしながら、意図せざる被害の中には、紛争において市民よりもさらに利害関係や発言権のない動物の死傷もあるのだ。動物たちの生きる権利は考慮されるべきであろうか？　生物中心主義の倫理ならば考慮されるべきだと答えるだろう。もしそうであるならば、実質的に近代戦争という行為全てが、根本的に不道徳であると見なされるかもしれない。

生態系中心主義の倫理は、現在の慣行に対する最も強力な批判を含意している。生態系のサイクルや進化過程を撹乱することは道徳的に受け入れられない。現在の経済的・軍事的慣行のほとんどは受け入れられないだろう。実際、強硬派なら、生態系中心主義の倫理は人口の大幅な削減を要求するだろう。というのも、現在地球上にいる75億人が既に進化の過程を撹乱していて、世界の人口は100億以上へと増加していくので今後もそうであり続けるからだ。政治制度は、生態系中心主義の環境政策を遂行できる単一世界政府か、もしくは、生態系を基礎とする生物学的地域ごとの政治単位に置き換えられなければならない（生態系中心主義の理論家は、実際に生態系中心主義を実効的なものにするために、権威的主義政府が必要なのか、あるいはさらなる民主主義が必要なのかに関してさまざまな見解を持っている）。もし、生物学的地域主義が導入されたら、世界貿易は終焉を迎えるだろう。なぜなら、各生物学的地域は自己持続的だからだ。浪費的な資源利用も減ることだろう。他の生物が求めるものと調和した長期的な持続可能性が望ましい目的となるだろう。一部の生態系中心主義の思想家にとっては、お手本は狩猟採集型社会や小作農主体の農業社会である。

いずれの環境倫理も国際政治の慣行に対して重大な意味を伝えている。しかし、環境倫理の文献は通常、国際システムの明らかな特徴にほとんど注意を払っていない。これは、環境倫理が現実の政治と無関係であると言っているのではない。もし現実主義（パワーポリティクスの理論）とリベラルな制度主義（相互依存と協力の可能性を強調する理論）が双方とも暗に環境倫理を含んでいるならば、環境倫理も暗に政治理論を含んでいる。しかし、国際政治理論への明確な注目がなければ、環境倫理はどちらの提言が実行可能でどちらの提言が実行不可能かを決断する基礎を欠くことになる。

第8講 小説の読解

知ると差がつく教養ポイント

さて、実戦編の最後は小説を取り上げる。これまでの参考書や問題集では、英文小説の読解法を教えるものは少なかった。しかし、小説は東京大学の大問5をはじめとして、ほかに神戸大学などさまざまな国公立大学の入試で出題されている。また、最近では私立大学でもこの流れが顕著だ。そこで、第8講では、まず小説特有の読解ポイントを確認し、実際の入試問題に取り組んでもらう。その上で解説を熟読すれば、論説文とは異なる小説の読解のコツが身につくことだろう。

小説読解ポイント（1）／物理的時間と心理的時間

- 小説の読解で注意しなければならないのは、2種類の時間があるということだ。1つは、物理的時間であり、もう1つは心理的時間である。
- 物理的時間は、通常の時間である。現実世界において、時間の流れは「過去→現在」と不可逆である。しかし小説では、時間の流れは必ずしも「過去→現在」という物理的時間の流れ通りに進むとは限らない。代表的な例としては、冒頭でラストシーンを描き、その後になぜそうなったのか？　を説明するスタイルがある。（ポイント（3）参照）
- 心理的時間は、物理的時間とは別モノで、登場人物の頭の中で流れている時間である。現在の事象に触発されて過去の出来事を脳内で振り返る「回想」などがその代表例である。

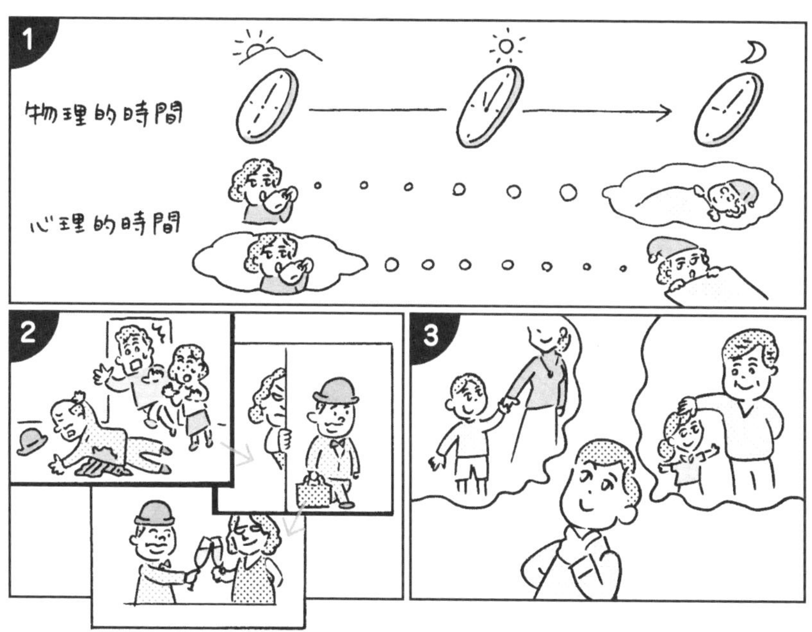

小説読解ポイント(2) ／ 描出話法(中間話法)

▶ 人の言葉や気持ちを伝える方法を「話法」と呼ぶ。発言者の発言をそのまま表すのが直接話法。一方、人称代名詞や時間など、発言を全て地の文に合わせて表記するのが間接話法である。

▶ 英語の小説読解においては、上記の2つの話法に加えて、もう1つの話法、描出話法が存在する。描出話法は、作者が登場人物の視点からその人物が考えたり言ったりしたことを伝える話法である。地の文に引用符（“ ”）なく、登場人物の心中の声（inner voice）や発言がそのまま書き込まれていたりする。直接話法と間接話法が混ざった形式なので、中間話法とも言う。

▶ 描出話法はイキイキとした心理描写をするときに用いる。動詞の時制や助動詞の存在などが見分ける際のヒントになる。描出話法は、本来、物語の語り手（ストーリーテラー）であるべき作者が登場人物へ感情移入し過ぎるために生じる現象と捉えてよい。描出話法が小説読解中に現れたときには、カギカッコ（「　」）で該当部分をくくっておくとよい。また、心理描写の場合、小説読解ポイント（1）で述べた「心理的時間」との関係も重要になってくる。

小説読解ポイント（3）／物理的時間および場面の変化

- 小説のストーリー展開において、物理的時間の変化や場面の変化が導入される場合は、登場人物どうしの関係性の変化や登場人物自体の変化が生じていると考える。たとえば、「3年後」という物理的時間の変化があれば、主人公の中学生は高校生になっているだろうし、付き合う友人も異なるし、人間的にも成長しているであろう。また、高校生のタロー君は、教室では「生徒」、部活では「先輩」、家では「息子」で「兄」となる。これは、場所の変化とともに人間関係が変化し、役割が変わるからである。
- 小説を読んでいて物理的時間の変化や場面の変化に出会ったら、それまでのストーリーに何かしらの「変化」が生じていると考えておくことが大切だ。つまり、それまでのストーリー展開にはなかった「新情報」が加わっているということである。
- ポイント（1）でも指摘したように、物理的時間をさまざまな形で組み合わせていく手法もある。ラストシーンから始まり、なぜそうなったかを描写していくものは代表的なものだ。そのほか、目まぐるしく物理的時間を変更していく手法（例：現在→30分前→1ヶ月前→翌日）もドラマや映画などではお馴染みだが、入試問題で出題されることは少ない。

小説読解ポイント（4）／比喩表現と象徴、風景描写

- 直喩（simile）は、何を何で例えているかが明示されている。like, as if ～などの表現に留意する。それに対して、隠喩（metaphor）は何を何で例えているかが明示されていない。小説読解で重要なのは圧倒的に隠喩である。
- 比喩表現以外に注意すべきものは、象徴である。小説における象徴とは、主に登場人物の心情を連想させる、具体的なモノの描写である。これは論説文の読解では見られない独特の表現である。
- 小説読解で特に気をつけなければならないのは、風景描写である。小説における風景の描写には登場人物の心情が反映されていることが多い。たとえば、「暑い」ということでも、「夏らしい暑い日だった」という描写なら登場人物の心情はポジティブだが、「蒸し蒸しして暑苦しい日だった」という描写ならその人物は何かしらネガティブな感情を持っているなどと推測できる。

対比とシャドー

▶ 論説文同様、小説でも「対比表現」に注意をする必要がある。特に、主人公の友人や協力者、あるいはライバルの性格や境遇が主人公と正反対という場合がある。このような登場人物を「シャドー」と呼ぶ。

▶ シャドーは、主人公の存在を際立たせる存在となっている。たとえば、恋愛に消極的な女性の主人公Aさんがいるとする。Aさんの親友Bさんは、異性の友達が多く、恋多き女性だったりする。現実世界ではあまり接点のなさそうな2人だが、小説では友人だったりするのだ。

▶ また、ストーリーが主人公にとって不幸な状況から始まる場合、そのストーリーはハッピーエンドで終わることが多い。シンデレラなどを思い出してもらうといいだろう。このようなストーリーの構成を映画のシナリオライティングでは「アンチクライマックス法」と呼ぶ。つまり、クライマックスを際立たせるために、ストーリー全体に対比構造を用いるのだ。

小説読解ポイント(6)／葛藤、コンフリクトとその解消

- 入試問題における小説の主題とは煎じ詰めると、「葛藤」つまり「コンフリクト」(＝2つ以上の対立する欲求もしくは選択肢が同時に作用していて、そのどれを選ぶべきかと迷い、思い悩む状態）をどのように主人公が解消していくかということである。「葛藤」や「コンフリクト」が登場しない小説はそもそも出題されない。
- 主人公はこうした「葛藤」にどのように出合い、向き合い、悩み、そして解消していくか。そして、「葛藤」を乗り越えたことによって、主人公がどのように変容（成長）していくかということが小説の主題になる。こうした「葛藤」は、小説という虚構の中のものでありながら、いかにも現実の出来事であるかのような「リアル」さを伴って提示される。そこに共感の余地が生まれるのである。
- よって、このような「仕掛け」を筆者がどのように「設定」しているのかをある程度「分析」しながら読んでいく必要がある。誰がどのようなコンフリクトを持ち、それをどうやって解消していくのか、これが小説読解では重要になってくる。入試問題の場合は、小説の一部が出題されるのでコンフリクトの解消というところまで辿り着かないかもしれないが、必ず葛藤やコンフリクトは存在すると考えてよい。

このテーマで出題された！

大学	学部	年度	出題タイトル
熊本県立大学（前期）	文学部（英語英文）〔4〕	2017年	新しい家での生活
東京大学（前期）	文科〔5〕	2018年	母と娘の確執
高知大学（前期）	人文社会科学部〔4〕	2019年	カモメのジョナサン
山口大学（前期）	人文・教育・経済・理・医・国際総合科学部〔2〕	2019年	僕が浜辺に打ち上げられるまで

問題 次の短編小説の一節を読み、以下の問いに答えよ。

Jackie leant idly against the window frame, staring out at the beach in front of the house. In the distance down the beach, she could see the familiar figure in the blue dress slowly coming towards the house. She loved these moments when she could watch her daughter in secret. Toni was growing up fast. (1)It seemed no time since she and the confused little seven-year-old had arrived here. How Toni had adored her father! When she was still only five or six years old, they would all make the long trip from the city to the beach every weekend, and Toni would go out with him into the wildest waves, bravely holding on to his back, screaming in pleasure as they played in the waves together. She had trusted him entirely. And then he had left them. No message, no anything. Just like that.

She could make (2) Toni's figure quite clearly now. She saw her put her shoes onto the rocks near the water's edge and walk into the wet sand, then just stand there, hand on hip, head on an angle, staring down. What was she thinking? Jackie felt a surge of love that was almost shocking in its intensity. "I'd do anything for her," she found herself saying aloud, "anything."

It was for Toni that she had moved from the city to this house eight years ago, wanting to put the (3). Surely, up here it would be simpler, safer, more pleasant to bring up a child. And indeed, it had been. Toni had been able to ride her bicycle to school, run in and out of her friends' homes, take a walk around the beach, in safety. There had never been a lack of places for her to go after school while Jackie was at work. They had a comfortable relationship, and Toni had given her (4) whatsoever. So, only three years to go and then she, Jackie, planned to return to the city, move in with Tim, marry, maybe.

She glanced up at the clock. Four o'clock. He'd be here at seven, just like every Friday. Besides Toni, he was the person she loved best in the world. Every weekend he came and they lived together like a family. He never put pressure on her to go and live in the city with him. He understood that she wanted to (5)see Toni through school first. He said he was prepared to wait until she was ready. Jackie loved the arrangement. Not seeing each other through the week had kept their relationship fresh. They had so much to tell each other each Friday. Getting ready — shampooing her hair, blow-drying it, putting on her favourite clothes, looking pretty — was such fun. Jackie thanked God for Toni and Tim.

＊＊＊

Toni pressed her feet further into the wet sand. She didn't want to go home yet — she had too much to think about. At home Mum would be rushing about, singing, cleaning, getting ready for Tim, all excited. Someone her Mum's age behaving like that! Toni thought it was (6)a bit too much, really — it was almost a bit pitiful. Although Tim was great — she had to admit that. One part of her was really pleased for Mum, that she had a partner; the other part was embarrassed. No, she wouldn't go home just yet.

(7)She looked up and down the beach. She was relieved it was empty. She'd hate to be seen in this dress — it was so fancy and girlish. She had just applied for a Saturday job and Mum had made her wear this. "It's lovely, darling, and you look so pretty in it. It's important to make a good impression," she'd said. Well, she'd got the job. Mum would be waiting now, wanting to hear the news, and she'd get all excited as if she'd won a prize or something. She wished sometimes that Mum didn't get so carried away with things. There was one good thing, though. She'd have some money of her own for once, and would be able to buy some of the clothes she wanted for a change.

One thing was for sure. She wasn't going to wear this dress tonight! She'd wear it as she left the house to make sure Mum let her go, but then she'd change at Chrissy's place. It had all been a bit complicated — she'd never had to do (8)this before. Just getting Mum to give her permission to go to the dance had been hard enough.

"Will there be supervision there?" "Will there be alcohol?" "What time docs it finish?" On and on — like a police investigation. Other kids' parents didn't go on like Mum. But at least she'd been allowed to go. It was her first time to the beach club!

Chrissy had told her not to even ask. "Just get out of the window when your Mum and her boyfriend have gone to bed," had been her advice. "Things don't get started until late anyway." But Toni couldn't do that, not this first time. Anyway, Mum had said okay after Toni had done some pretty fast talking; she'd had to tell a few lies, but in the end Mum had swallowed them. "Chrissy's parents are taking us. Five parents will be supervising. Alcohol's not allowed. I'll be home by eleventhirty."

She was especially embarrassed by the last one. Eleventhirty — no chance! Still, once she got out of the house, Mum wouldn't know. Toni twisted her feet deeper into the sand. She was just a tiny bit uneasy about all the lies. But, why should she worry? Everyone had to do it. She'd never go anywhere if she didn't. Look at Chrissy. (9)<u>Look at what she had been getting away with for a year now.</u>

（東京大）

(1) 下線部 (1) の言い換えとして最も適切な表現を次のうちから1つ選び、その記号を記せ。

ア It appeared to be so long ago that

イ It seemed like only yesterday that

ウ It had always been such a rush since

エ It allowed her little time to think since

(2) 空所（ 2 ）を埋めるのに最も適切な1語を記せ。

(3) 下に与えられた語を適切な順に並べ替えて空所（ 3 ）を埋め、その2番目と5番目にくる単語を記せ。ただし、下の語群には、不要な語が1つ含まれている。

again　and　behind　child　past　start　them

(4) 空所（ 4 ）を埋めるのに最も適切な表現を次のうちから1つ選び、その記号を記せ。

ア no joy

イ little joy

ウ no trouble

エ little trouble

(5) 下線部 (5) とほぼ同じ意味の表現を次のうちから1つ選び、その記号を記せ。

ア see Toni off to school

イ help Toni come first in school

ウ wait until Toni finished school

エ enjoy watching Toni go to school

(6) 下線部 (6) の a bit too much というToniの思いは、母親のどのような態度に対するものか。20〜30字の日本語で述べよ。

(7) (7) の段落に描かれているToniの心理について当てはまるものを次のうちから1つ選び、その記号を記せ。

ア She is looking forward to receiving the prize she has won.

イ She is looking forward to spending her wages on new clothes.

ウ She is looking forward to hearing her mother's news about the job.

エ She is looking forward to making a good impression on her employers.

(8) 下線部 (8) の this が表す内容を次のうちから1つ選び、その記号を記せ。

ア buy a dress

イ stay with her friend

ウ be dishonest with her mother

エ leave the house through the window

(9) 下線部 (9) を和訳せよ。ただし、she が誰を指すかは明らかにすること。

(10) この文章の前半で描かれているToniの子供時代について、正しいものを1つ次のうちから選び、その記号を記せ。

ア Toni's father moved to the city to live by himself when Toni was seven.

イ Toni and her parents lived in a house by the beach until she was seven.

ウ Toni and her mother moved to a house by the beach when Toni was seven.

エ Toni's father came to the beach to see her on the weekend until she was seven.

⑾　以下は、この文章で表現されているJackieとToniの心情について述べたものである。空所（　a　）～（　d　）を埋めるのに最も適切な動詞を下の語群から選び、その記号を記せ。語群の動詞は原形で記されている。同じ記号は一度しか使えない。

Jackie doesn't（　a　）that her daughter is quickly growing up, more quickly, perhaps, than she would like. She（　b　）to see that Toni now has her own thoughts and ideas. Toni still（　c　）her mother but feels a little uncomfortable with the relationship and wants to（　d　）more independent.

ア　become　　イ　fail　　ウ　live　　エ　love
オ　realize　　カ　succeed　　キ　wish

解説

第1段落

① Jackie leant idly against the window frame, ／ staring out at the beach ／ in front of the house.

Jackie leant idly(ジャッキーは何もせず寄りかかっていた)、against the window frame(窓枠に)。staring out at the beach(外の海岸をじっと見ながら) は分詞構文。stare at ～で「～をじっと見る」ということなので窓の外に見える海岸を窓枠にもたれながらじっと見ているということ。in front of the house(家の前の)。

①ジャッキーは窓枠に何もせず寄りかかり、家の外のビーチをじっと見ていた。

② In the distance ／ down the beach, ／ she could see the familiar figure ／ in the blue dress ／ slowly coming towards the house.

In the distance ／ down the beach(その海岸の遠くに)、she could see(彼女が目にしたものは)。the familiar figure ／ in the blue dress(青い服を着た見慣れた人物が) が目的語で、slowly coming towards the house(家の方にゆっくりと向かってくる) が補語。つまりS＋V＋O＋Cとなっていることに注意。

チェック! 多義語figure

名詞figureは入試頻出の多義語。次の４つの意味をきちんと覚えておこう。
（1）数字（cf. letter：文字）、（2）姿・形、（3）人物（a great figure：偉人）、（4）図（Fig.4：図4）

なお、（2）の意味では「体型」を表すこともある。
日本語の「スタイルが良い」はhave a good figureなどと言い、styleは使わないので注意。
例）彼女はスタイルが良い。 She has a good figure.

②ビーチの遠く先に、青い服の見慣れた人物がゆっくりと家の方へ向かって歩いてくるのが見えた。

③ She loved these moments | when she could watch her daughter in secret.

She loved these moments(彼女はこの瞬間が大好きだった)、次のwhenはthese momentsを先行詞とする関係副詞。she could watch her daughter in secret(自分が娘をこっそり観察できる)。ここで②のthe familiar figure in the blue dressがher daughterであるとわかる。③の文からジャッキーが自分の娘を溺愛していることが読み取れる。

③彼女は、自分の娘をこっそりと観察できるこの瞬間が大好きだった。

④ Toni was growing up fast.

④の文から母親の回想が始まることに気をつける。ここから描出話法が始まっている。Toniはher daughter、つまりジャッキーの娘の名前。

④トニは急速に成長していた。

⑤ (1)<u>It seemed no time / since</u> she and the confused little seven-year-old // had arrived here.

(1)<u>It seemed no time since</u> 〜(〜以来あっという間に思える)。ここで (1) の選択肢を見てみよう。

ア　It appeared to be so long ago that(とても昔のように思われたので)
イ　It seemed like only yesterday that(〜したことは昨日のことのように思われた)
ウ　It had always been such a rush since(〜以来いつもそんなに慌ただしかった)
エ　It allowed her little time to think since(〜以来彼女には考える時間がほとんどなかった)

で下線部 (1) の意味に最も近いのはイとなる。

she and the confused little seven-year-old(彼女と当惑した7歳児）までが主語。このsheはJackie、the confused little seven-year-oldはToniのこと。had arrived here(ここにやって来た)。ということで、ジャッキーの頭の中で回想（＝昔のことを思い出すこと→【小説読解ポイント（1)】）が始まったことに注意。

⑤自分と当惑した7歳児がここにやって来てからあっという間だったように思う。

⑥ How Toni had adored her father!

ここは感嘆文で、描出話法。ジャッキーの感情の大きな動きが読み取れる。adore＝love and respect deeply。

⑥トニは何と父を愛していたことか！

⑦ When she was still only five or six years old, ／ they **would** all make the long trip ／ from the city to the beach every weekend, ／ and Toni **would** go out with him into the wildest waves, ／ bravely holding on to his back, screaming in pleasure ／ as they played in the waves together.

When she was still only five or six years old(トニがまだ5、6歳だった頃)。時間がさらに遡っていることに注意。they **would** all make the long trip(彼らはわざわざ出かけたものだ)。ここのwouldは「過去の習慣」を表している。from the city to the beach ／ every weekend(街から海へ、毎週末)。

and Toni **would** go out with him into the wildest waves(そしてトニは父親と一緒にとても大きな波に向かっていったものだ)。ここのwouldも過去の習慣を表す。注意しておいてほしいことは、waveは複数形を作れる可算名詞だということだ。

チェック！ 入試で狙われる実は数えられる名詞

（1） tears（涙）　（2） clouds（雲）※不可算名詞の用法もあり　（3） waves（波）

bravely holding on to his back(勇敢にも父の背中にしがみつき)。screaming in pleasure(喜びの声を上げながら)、as they played in the waves together(2人で波と戯れて

いる時に)。大きな波をザブンと受けて、大声を出しながら楽しんでいる父と5、6歳の娘の姿が目に浮かべばよい。

⑦トニがまだ5、6歳だった頃、毎週末は街から海へ時間をかけて出かけたものだ。トニは父親の背中にしがみついて勇敢にも大きな波へ向かっていった。そして、波と戯れているときに喜びの声を上げたものだった。

⑧ She had trusted him entirely.

⑧あの子は父親のことを信用しきっていた。

このSheはToniを指す。

⑨ And then he had left them.

⑨その後、彼は彼らを置いて出て行ってしまった。

⑩ No message, no anything. Just like that.

just like thatは「やすやすと／あっけなく」という意味。父親はジャッキーとトニを残して蒸発同然に家を出たのである。⑧〜⑩はジャッキーの心の中の声で、描出話法だ。

⑩伝言も何もなく。あっけなく。

第2段落

① She could make (2) Toni's figure ／ quite clearly now.

She(＝S) could make (2) (＝V) Toni's figure(＝O：トニの姿)、quite clearly now(今では極めてはっきりと) の形。文の後半から、「今ではトニの姿をはっきりと判別できた」と考え、(2) にはoutを入れる。make out 〜で「〜を判別する (＝distinguish)」の意味。第1段落の④の文以降でジャッキーは過去を回想している。ぼんやり昔のことを考えていたら時間が経過したため、家に向かって歩いているトニの姿が前よりはっきり確認できたということである。

①ジャッキーはトニの姿が今ではとてもはっきりとわかった。

＊第1段落でジャッキーが回想に入ってから「時間が経過」していることをこの文は表していることに注意（→【小説読解ポイント（1）】）。

② She saw her put her shoes onto the rocks near the water's edge and walk into the wet sand, then just stand there, ／ hand on hip, head on an angle, ／ staring down.
(put ①, walk ②, stand ③)

この文はSVOCでV＝saw（知覚動詞）、C＝原形不定詞になっていることに気づけただろうか。She saw（ジャッキーが見たものは）、ここのShe＝Jackie。her put her shoes（トニが自分の靴を置いた）、her＝ToniがOでputがC①。onto the rocks near the water's edge（波打ち際の岩の上に）。the water's edgeで「水際」。ここは海岸なので「波打ち際」のこと。

and walk into the wet sand（濡れた砂地の方へ歩く）。walkがC②。靴を脱いだのは波が打ち寄せて濡れている砂の方へ歩いていくためだったことがわかる。then just stand there（そしてそこに立つ）。standがC③で、thereはthe wet sandを指す。次のフレーズは「どのような状態で立っていたか」という「付帯状況（＝同時に起こっている状況）」を表す。hand on hip（手を腰に当て）、head on an angle（うつむき）、staring down（じっと下を見つめながら）。

②ジャッキーが目にしたのは、トニが自分の靴を波打ち際の岩の上に置き、濡れた砂の方へ歩いて行き、そこで立ち止まり、手を腰に当ててうつむき、下をじっと見ている姿であった。

③ What was she thinking?

③あの子は何を考えていたのかしら？

ここはトニの姿を見ていたジャッキーの気持ちがそのまま書き込まれている（→【小説読解ポイント（2）：描出話法】）。描出話法の文にはカギカッコ（「　」）を付けておくとよい。

④ Jackie felt a surge of love | that was almost shocking in its intensity.

Jackie(＝S) felt(＝V) a surge of love(＝O)（ジャッキーは愛情が込み上げてくるのを感じた）。a surge of ～(～の高まり)。that was almost shocking in its intensityのthatは関係代名詞。was almost shocking(衝撃的と言ってもよかった）とあるので、thatの先行詞はloveでなくa surge(高まり）を指していると考えられる。ジャッキーが娘のトニを愛していることはshockingではないからだ。in its intensity(その強さにおいて)、its＝a surgeである。

④ジャッキーは愛情が込み上げてくるのを感じた。その強さは衝撃的なほどと言ってよかった。

⑤ "I'd do anything for her," she found herself saying aloud, "anything."

"I'd do anything for her,"(「あの子のためなら何だってするわ」)。ここで、I'd＝I wouldなので仮定法過去。she(＝S) found(＝V) herself(＝O) saying aloud(＝C)（気がつくと彼女は声に出していた）。"anything."(「何だって」)。⑤の文は④の文のa surge of loveのalmost shockingな強さを表している部分だと言えよう。

⑤「あの子のためだったら何だってするわ」ジャッキーは気がつくと声に出していた。「何だって」。

第3段落

① It was for Toni that she had moved / from the city to this house / eight years ago, / wanting to put the（ 3 ）.

It was for Toni that 〜は強調構文。「(that以下は) まさにトニのためだった」という意味。she had moved(ジャッキーが引っ越したのは)、from the city to this house(街からこの家に)、eight years ago(8年前に)。wanting to put the（ 3 ）の（ 3 ）は並び替えの問題になっている。不要語が1語ある。定冠詞theの後にくるのは主格の名詞なので、可能性があるのはchildかpast。ここでputに目をやると、この単語と相性がいいのはbehind。さらにbehindの後ろには名詞（の目的格）がくるのでthem。put the child behind themでは意味が通らない。put the past behind them「自分たちが過去を忘れ去る」とすれば文脈にも合う。put＋A＋behind＋B(BがAを忘れる/済んだことにする)。この後に、and start again(やり直す) と続ければよい。よって、2番目はbehind、5番目はstartで、不要語はchildとなる。

①過去を忘れ去り、再出発したくて、8年前に都市部からこの家に引っ越したのは、まさにトニのためであった。

② Surely, up here / it would be simpler, safer, more pleasant / to bring up a child.

ここは描出話法になっている。up hereのhereは海岸近くのこの家を指す。itは形式主語でto bring up a childを指す。simpler, safer, more pleasantと比較級なのは、①の文におけるthe cityと比較しているため。

②きっと、ここまで来れば、子育てはよりシンプルでより安全でより楽しいものになるだろう。

③ And indeed, / it had been.

ここも描出話法。And indeed(そして実際に)、it had beenの後は、②のsimpler, safer, more pleasant to bring up a childが省略されている。

③そして実際、そうだった。

④ Toni had been able to ride her bicycle to school, run 〈in and out of〉 her friends'
①　②
homes, take a walk around the beach, ／ in safety.
③

Toni had been able(トニはできた)、to ride her bicycle to school(自転車通学をしたり)、run 〈in and out of〉 her friends' homes(友達の家に出入りしたり)、take a walk around the beach(海岸を散歩したり)。able toがride、run、takeにかかっていることに注意。またin safety(安全に)の前にはカンマがあるので、①～③まで全てにかかると考える。

④トニは安全に自転車通学したり、友人宅に出入りしたり、海岸を散歩したりできた。

⑤ There had never been a lack of places | for her to go after school ／ while Jackie was at work.

There had never been a lack of places(場所に事欠かない)、never(決して～ない)とlack(不足)が二重否定になっているところに注意。for her to go after school(トニが放課後行く)は意味上の主語(for her)と名詞placesを修飾する形容詞用法の不定詞。while Jackie was at work(ジャッキーが職場にいる間に)。

⑤ジャッキーが職場にいる間、トニが放課後行く場所に事欠くことは一度もなかった。

第3段落が始まってから⑤までずっと時制が過去完了形であったことに注意。この部分はジャッキーの回想である。

⑥ They had a comfortable relationship, and Toni had given her (　4　) whatsoever.

They(＝S) had(＝V) a comfortable relationship(＝O)（2人はいい関係であった)。and Toni(＝S) had given(＝V) her(＝O)（そして、トニはジャッキーにずっと与えてきた)。

ここで（　4　）を考える。空所（　4　）には目的語Oが入るが、後にwhatsoever(少しの〜も）があるので否定語noが伴うと考える。準否定語であるlittle(ほとんど〜ない）は、whatsoeverとはともに用いられない。よって、イ little joyと、エ little troubleは不適。前にa comfortable relationshipとあるので、否定的な内容となるア no joyも不適であり、正解はウ no trouble。

⑥2人は良い関係で、トニはジャッキーに一切面倒をかけたことがなかった。

チェック！ 否定（全く〜でない）

not 〜	at all whatever whatsoever	＝	never 〜

⑦ So, ／ only three years to go ／ and then she, Jackie, ／／ planned to **return**① to the city, **move in with**② Tim, **marry**③, maybe.

So(だから)、only three years to go(3年もしたら)、and then she, Jackie,(そのとき彼女、つまりジャッキーは)、sheとJackieは同格で文のS。planned(〜する予定だ）がVでこれに不定詞が3つ付いている。to **return** to the city(街に戻って)、**move in with** Tim(ティムと一緒に暮らし)、**marry**, maybe(ひょっとしたら結婚するかもしれない）の3つが不定詞。おそらくティムはジャッキーの彼氏である。

第1段落の⑤の文より、トニとジャッキーが父親の蒸発後、海岸近くのこの家に引っ越してきたのはトニが7歳のとき。そして第3段落の①の文より、引っ越してから8年が経っている。よって、トニは現在15(＝7＋8）歳だとわかる。さらに3年が経てば、トニは18歳になり、高校を卒業するので、ジャッキーはトニの子育てを一区切りできると考えている。

⑦だから、あと3年もすれば、彼女、つまりジャッキーは街に戻って、ティムと一緒に暮らして、ひょっとしたら結婚するかもしれないと考えていた。

第4段落

① She glanced up at the clock. Four o'clock.

①彼女は時計をチラッと見上げた。4時だ。

この文から、回想から現実に戻ったことがわかる。

② He'd be here at seven, ／ just like every Friday.

ここから再び回想が始まり、描出話法になっている。

②彼はいつもの金曜日のように、7時にここにやって来るだろう。

③ Besides Toni, ／ he was the person | she loved▲best in the world.

※▲は欠落を表す。

Besides Toni(トニを除くと)、he was the person(彼は次のような人だった)。次はthe personを説明する関係代名詞節。she loved▲best in the world(ジャッキーが世界で一番愛する)。

③トニ以外では、彼はジャッキーが世界で一番好きな人だった。

④ Every weekend ／ he came and they lived together like a family.

Every weekend(毎週末)、he came(彼はやって来て)、and they lived together like a family(みんなで一緒に家族みたいに過ごした)。

④毎週末、彼はこの家にやって来て、みんなで家族みたいに過ごした。

⑤ He never put pressure on her | to go and live in the city with him.

He never put pressure on her(彼はジャッキーに決して圧力をかけはしなかった)。次の部分はpressureの説明でto go and live in the city with him(自分と一緒にここを出て街で暮らそう)。

⑤彼はジャッキーに対して、街へ出て一緒に暮らそうという圧力をかけたことは一度もなかった。

⑥ He understood | that she wanted to (5)see Toni through school first.

He understood(彼はわかってくれていた)、that she wanted(彼女が望んでいたことは)、to (5)see Toni through school first(トニがまず学校を卒業するのを見ることだ)。(5) はthrough schoolがどのような意味かを考えることが重要。第3段落の⑦の文より、現在トニは15歳で、あと3年経てばハイスクールを卒業するということがわかる。そして、それがシングルマザーであるジャッキーの願いでもある。このことを踏まえて (5) の選択肢を見ると、

ア　see Toni off to school　トニを学校へ見送る　＊see＋人＋off：人を見送る
イ　help Toni come first in school　トニが最初に学校に入るのを手伝う
ウ　wait until Toni finished school　トニが卒業するまで待つ
エ　enjoy watching Toni go to school　トニが学校へ行くのを見て楽しむ

となるので、同じ意味となるのは、ウ。

⑥彼はトニがまず卒業するのを見届けたいという彼女の気持ちを理解していた。

⑦ He said | he was prepared to wait / until she was ready.

He said(彼は言った)。he was prepared to wait(自分は待つ覚悟がある)、until she was ready(彼女の準備ができるまで)。

⑦彼は、彼女が準備ができるまで自分は待つ覚悟があると言ってくれた。

⑧ Jackie loved the arrangement.

⑧ジャッキーはこの取り決めが気に入っていた。

the arrangement(この取り決め) は、彼女の準備ができるまで平日は海岸沿いの家で娘のトニと暮らして、金曜の夕方から週末をティムとトニと3人で一緒に過ごすという生活スタイルをトニが高校を卒業するまで続けることを指している。

⑨ Not seeing each other through the week // had kept their relationship fresh.

まず、Not seeing each other through the week(平日にずっと顔を合わせないこと) が本文の主語。ここは動名詞である。ここでのthe weekは平日を指す。つまり、through the weekとは「月曜日から金曜日(の日中)までずっと」という意味。had kept(=V) their relationship(=O) fresh(=C) (2人の関係を新鮮なままに保った) というS+V+O+C。「新鮮なままに保った」ということは「マンネリ化せずに済んだ」ということ。

⑨平日はお互い顔をまったく合わせないため、2人の関係は新鮮なままだった。

⑩ They had so much | to tell each other each Friday.

They(=S) had(=V) so much(=O) (2人はとてもたくさんのことを持っていた)。much(多くのこと) は抽象的で曖昧な言葉なので、この語の追加説明が続く。to tell each other(お互い話し合うこと) は形容詞用法の不定詞でmuchを修飾。

⑩2人には毎週金曜日お互いに話すことがたくさんあった。

⑪ Getting ready — shampooing her hair, blow-drying it, putting on her favourite clothes, looking pretty — // was such fun.

Getting ready(準備をすること) が主語S。次は準備の具体的な内容である。— shampooing her hair, blow-drying it, putting on her favourite clothes, looking pretty —(髪をシャンプーして、ブローして、お気に入りの服を着て可愛くなること)。was(=V) such fun(=C) (とても楽しかった)。

⑪準備をすること（髪をシャンプーしてブローし、お気に入りの服を着て可愛くなること）はとても楽しかった。

⑫ Jackie thanked God ／ for Toni and Tim.

thank＋A＋for＋B(BについてAに感謝する）に注意。

⑫ジャッキーはトニとティムがいることを神に感謝した。

ここで、第4段落と第5段落の間にアスタリスク（*）が3つ並んでいる（***）ことに注意。このアスタリスクは区切りを意味する。つまり、時間の大幅な経過や、立場の転換など、物語の展開における大きな変化を表している。

第8講／小説の読解

第5段落

① Toni pressed her feet further into the wet sand.

Toni(＝S) pressed(＝V) her feet(＝O)。ここで注意すべきはfurther(さらに)。もともと濡れた砂の中に両足を突っ込んでいたことがわかる。アスタリスク（***）の後、物語の視点が母親であるジャッキーから娘（15歳）のトニに移っていることがわかる。

①トニは自分の両脚をさらに濡れた砂の中に押し込んだ。

小説においては描かれている登場人物の行動全てに意味がある。なぜトニは自宅にすぐに帰らず、自宅の目と鼻の先にある海岸でこんなことをしているのだろうか? 読者はその理由を考えながら読み進める必要があるのだ。

② She didn't want to go home yet — she had too much ｜ to think about.

She didn't want to go home yet(彼女はまだ家に帰りたくなかった)。ダッシュの後はshe(＝S) had(＝V) too much(＝O：多くのこと）で、to think about(考えるべきこと）は形容詞用法の不定詞。muchはhaveの目的語なので、副詞ではなく数量詞（多くのこと）である。つまりtoo ～ to ...の構文にはなりえないので注意。考えなければならないことがたくさんあって、それは母親のジャッキーには相談できないことだった。だから、帰宅をせずに海岸にいるということがわかる。

②彼女はまだ家に帰りたくなかった。彼女には考えなければならないことがたくさんあったからだ。

③ At home ／ Mum would be rushing about, ／ singing, cleaning, getting ready for Tim, ／ all excited.

トニの心の声である。つまり描出話法。At home(家では)、Mum(＝S) would be rushing about(＝V)（ママが慌ただしくしているのだろう)。rush about ～ ／ rush around ～(～忙しくあちこち動き回る)。singing, cleaning, getting ready for Tim(歌ったり、掃除をしたり、ティムに会う準備をしたり)、ここは分詞構文でrushing aboutの具体例となっている。all excited(すっかりワクワクして)、ここはrushing about以下の動作をどのように行っているかの説明になっている。

③家では、わくわくしながらママがあれこれ慌ただしくしていて、歌ったり、掃除をしたり、ティムに会う準備をしたりしているんだろうな。

④ Someone | her Mum's age ／ behaving like that!

独立分詞構文でこの文も描出話法、つまりトニの心理描写の部分である。感嘆符（!）からもトニの強い感情の動きがわかる。この分詞構文の意味上のSはsomeoneでher Mum's ageが修飾語。よって、Someone | her Mum's age(うちのママの年くらいの人が)、behaving like that!(あんな振る舞いをするなんて!）となる。

④うちのママと同じ年齢の人があんな風に振る舞うなんて!

⑤ Toni thought | it was (6)<u>a bit too much</u>, really ― it was almost a bit pitiful.

Toni thought(トニは思った)、it was (6)<u>a bit too much</u>, really(ちょっとやりすぎなのよ、本当に)。ここで（6）を考える。（6）のようにトニが感じるのは、④の文にもあるように母親が「年甲斐もなくワクワクしてはしゃいでいる」ためである。（6）の字数制限

は20～30字なので、はしゃいでいる原因にも触れ、

これから恋人が来るので、年甲斐もなくはしゃぎすぎている態度。(30字)

などとする。

③の文のrushing aboutやall excitedからワクワクしていてはしゃいでいる様子が、④の文から自分の年齢も考えずにそうしていることがわかり、それがa bit too muchとトニには感じられるのである。そして母がはしゃぎすぎている姿は、it was almost a bit pitiful(ちょっと痛々しいくらい) とトニの目には映る。

⑤トニは思った。ちょっとやりすぎなのよ、本当に。ちょっと痛々しいくらいだわ。

⑥ Although Tim was great — she had to admit that.

that はTim was greatを指す。

⑥ティムは素晴らしいけど。彼女もそれは認めざるをえなかった。

⑦ One part of her was really pleased for Mum, ／ that she had a partner; the other part was embarrassed.

One part of her(トニの一部は) was really pleased for Mum(心からママのことを喜んでいた)、that she had a partner(ママに恋人がいることを)。the other part(しかし別の部分は) was embarrassed(困惑していた)。シングルマザーだった自分の母親に恋人がいることを祝福する一方で、素直に喜べない自分もいる、というのがトニの気持ちである。

⑦彼女は一面でママに恋人がいることを本当に喜んでいた。しかし一方で困惑もしていたのだった。

⑧ No, she wouldn't go home just yet.

⑧嫌だ、まだ家には帰らない。

この文も描出話法になっていることに注意。

▶ 第６段落

① (7)She looked up and down the beach.

①彼女は海岸を隅から隅まで見渡した。

ここで、look up and down ～(～を子細に眺める）に注意。

② She was relieved ／ it was empty.

②彼女は誰もいないことにほっとした。

①の文より海岸をぐるりと見渡して、自分以外に誰もいないことに安心したのである。それではなぜ、このように感じたのであろうか？

③ She'd hate to be seen in this dress — it was so fancy and girlish.

She'd hate(＝She would hate：トニはとても嫌だった)、to be seen in this dress(この服を着ているのを見られることが)。it(＝this dress) was so fancy and girlish(この服はとてもフリフリしていて女の子っぽいから)。

③彼女は本当にこの服を着ているところを見られたくなかった。この服はとてもフリフリしていて女の子っぽい服だから。

それでは、なぜそんなに他人に見られたくない服をわざわざトニは着ているのだろうか？

④ She had just applied for a Saturday job ／ and Mum had made her wear this.

She had just applied for(彼女はちょうど応募してきたところだ)。時制が過去完了形であるところとapply for ～(仕事などに応募する）に注意。a Saturday job(土曜日の仕事）は土曜日にするアルバイトのこと。

Mum(＝S) had made(＝V) her(＝O) wear this(＝C)（ママが私に無理やりこの服を着せた）。使役動詞makeが使われていることから、トニの意向は考慮せず、半ば無理やりに、というニュアンスとなる。

④彼女は土曜日のバイトの面接に行ってきたところで、ママがこの服を彼女に着せたのだった。

この文から、トニは自分の気に入らないことでもジャッキーから強力にプッシュされると言いなりになってしまうことがわかる。親からすると聞き分けの良い子である。

⑤ "It's lovely, darling, and you look so pretty in it. It's important ／ to make a good impression," she'd said.

It's(＝This dress is) lovely, darling(この服はとっても可愛いわ、あなた)、and you look so pretty in it(そしてこの服を着ているあなたはとても可愛く見える)。It's important(重要だからね) のitは形式主語で後ろにくるものを指す。to make a good impression(良い印象を与えることは)、ここが真主語。she'd(＝she had) said(ママは言っていた)。

⑤「この服はとってもカワイイし、この服を着ているあなたはとっても素敵よ。良い印象を与えることは大事だもんね」ってママは言っていた。

⑥ Well, ／ she'd got the job.

she'd got＝she had gotで時制が過去完了形であることに注意。バイトの採用はすでに決まったことがわかる。

⑥まあ、バイトは採用された。

⑦ Mum would be waiting now, ／ wanting to hear the news, ／ and she'd get all excited ／ as if she'd won a prize or something.

Mum would be waiting now(ママは今待っているだろう)。wanting to hear the news(その知らせを聞きたくて)。the newsはトニのバイト面接の結果である。and she'd(＝she would) get all excited(そして、ママはすっかり気分が良くなるだろう)、as if she'd(=she had) won a prize or something(まるで自分が賞か何かを取ったかのように)。

⑦ママは今頃、その知らせを聞きたくて待っているのだろう。そして、自分が賞か何かを取ったみたいにすっかり興奮するのだろう。

⑧ She wished sometimes | that Mum didn't get so carried away with things.

She wished sometimes(彼女が時々〜であればよいのにと思った)。次のthat Mum didn't get so carried away with things(ママはそんなに興奮しない) だが、get carried away(=get very excited / lose control of one's feelings) はイディオムで「とても興奮する/我を忘れる」という意味。よって、「ママは物事にそんなに興奮しないでよ」くらいの意味になる。

⑧ママはそんなに興奮しなければいいのにと、彼女は強く思うことがあった。

⑨ There was one good thing, though.
⑨でも、1つだけいいことがある。

ここも描出話法。トニの心の呟きである。

⑩ She'd have some money of her own for once, and would be able to buy some of the clothes | she wanted▲ / for a change.

ここも描出話法。She'd(=she would) have(彼女は手に入れるだろう)、some money of her own(自分のお金をいくらか)、for once(たまには)。and would be able to buy(そして購入できるだろう)、some of the clothes(少々の洋服は)。the clothesと初登場の普通名詞に定冠詞theが付いているので、この後追加説明が続くと考える。後のshe wanted(彼女の欲しい) は目的語はないので関係詞節。for a change(気分転換に)。

⑩たまには自分で使えるお金を手に入れるだろうし、気分転換に自分が欲しい服も少しは買えるだろう。

土曜日のバイトが決まったので、それを当てにしているわけだ。

ここで（7）を考えよう。選択肢ア～エにおいて、She is looking forward to（彼女が楽しみにしているのは）という部分は共通なので、その後の選択肢を検討する。

ア…receiving the prize | she has won
（自分が受賞した賞を受け取ること）
→トニはバイトの面接に行っただけであり、何の賞も受賞していないため不適。

イ…spending her wages on new clothes
（自分が稼いだお金を新しい洋服に費やすこと）
→トニは母親の好みの服をイヤイヤ着ているが、バイトで稼いだお金で自分好みの服が買えると第6段落の最後の3行で述べている。これが正解。

ウ…hearing her mother's news about the job
（母親の仕事に関する知らせを聞くこと）
→母親の仕事に関する知らせという記述はないので不適。

エ…making a good impression on her employers
（自分の雇い主に良い印象を与えること）
→バイトの面接時に、雇い主に良い印象を与えなくてはと言って、自分好みの服をトニに押し付けたのは母親である。よって、不適。

第7段落

① One thing was for sure. / She wasn't going to wear this dress tonight!

ここは描出話法。つまり、トニの心理描写、心の中の声である。One thingは後ろの文のことである。

①1つ確実なことがある。自分は今晩この服は着ない！

② She'd wear it ／ as she left the house ／ to make sure | Mum let her go, but then she'd change at Chrissy's place.

ここも描出話法。She'd(＝she would) wear it(自分はそれを着るだろう)、it＝this dress。as she left the house(家を出るときに)、次は「目的」を表す副詞用法の不定詞 to make sure(確実にするため)。この後ろにはmake sureの内容を表すthat節が続く(thatは省略されている)。Mum let her go(ママが自分を外出させてくれる)。but then(でもその後で)、she'd(＝she would) change(自分は着替えるつもりだ)、at Chrissy's place(クリッシーのところで)。クリッシーは初登場だが、トニの友人だろうと予測できる。

②ママが自分を確実に外出させてくれるようにするために、家を出るときにはこの服を着るけど、その後、クリッシーのところで着替えるつもりだ。

③ It had all been a bit complicated — she'd never had to do (8)this before.

It had all been a bit complicated(もう本当に色々少し面倒だった)、時制が過去完了形になっていることに注意。何が面倒なことだったのかはこれから明らかになる。she'd never had to do (8)this before(以前はこんなことをする必要はなかった)。ここも過去完了形であることに注意。この段階ではまだ（8）の内容はわからない。そこで下線部（8）が何を指すのか注意しながら読み進めていこう。

③もう本当に色々少し面倒だった。以前はこんなことをしなくてもよかったのに。

④ Just getting Mum to give her permission | to go to the dance ／／ had been hard enough.

述語動詞had beenの前までのJust getting Mum to give her permission | to go to the danceが本文のS。Just getting Mum to give her permission(ただママが私に許可を与えてくれるようにするだけ)。get＋O＋to 不定詞で「Oに～させる／してもらう」。to go to the dance(ダンスパーティーに行くための）は形容詞用法の不定詞で、permissionの説明をしている。

ここで (8)thisが何を指しているかを考える。thisは前文の内容「外出を認めてもらうために母親が選んでくれた服を着て家を出るが、後で友人宅にて自分の着たい服に着替える」を指している。つまり、「母親に従うフリをして、実際にはそうしない」という母親との関係が重要になる。選択肢を見ると、ア buy a dress(服を買う)、イ stay with her friend(友達と一緒にいる)、ウ be dishonest with her mother(母親に嘘をつく)、エ leave the house through the window(窓から家を出る) とあり、正解はウ。

④ただママにダンスパーティーに行く許可をもらうことだけでも十分大変だった。

第8段落

① "Will there be supervision there?" "Will there be alcohol?" "What time does it finish?" On and on — like a police investigation.

"Will there be supervision there?"(そこに監督する人はいるの?(=保護者はいるの?))、"Will there be alcohol?"(アルコールは出るの?)、"What time does it finish?"(何時に終わるの?)。On and on(などなど)、like a police investigation(警察の取り調べのようだ)。

①「そこに監督する人はいるの?」「アルコールは出るの?」「何時に終わるの?」などなど。警察の取り調べみたいだった。

② Other kids' parents didn't go on like Mum.

go on(くどくどまくし立てる) に注意。

②他の子の親は、うちのママみたいにくどくどまくし立てない。

③ But at least / she'd been allowed to go. It was her first time to the beach club!

herはトニを指す。

③でも少なくとも、彼女(私)は出かける許可をもらった。初めてビーチクラブに行ける!

第7段落も第8段落もトニの心理描写。トニの心の中の声、トニの自己内対話であることに注意。

第9段落

① Chrissy had told her not to even ask.

SVOCの文。evenは強調である。to even ask(her mother) という省略に注意。

①クリッシーは母親に許可なんか求めなくていいとトニに言った。

② "Just get out of the window / when your Mum and her boyfriend // have gone to bed," had been her advice.

Just get out of the window(ただ窓から抜け出せばいいじゃない)、when your Mum and her boyfriend // have gone to bed(あなたのママと彼氏がベッドに行ってから) までがS。had been(=V) her advice(=C) (というのがクリッシーのアドバイスだった)。

②「ママと彼氏がベッドに行ったら、窓から抜け出せばいいだけよ」というのがクリッシーのアドバイスだった。

③ "Things don't get started until late anyway."

Things(物事) はS、get started(始める) という意味。

③「とにかく遅くなるまで何も始まらないし。」

④ But Toni couldn't do that, not this first time.

Toni couldn't do thatのthatは、「母親の許可を取らずにダンスパーティーに行くこと」を指している。not this first timeの部分は (Toni could) not (do that) this first timeの( )内の語句が省略された形。

省略

省略は以下の場合に起こる。

(1) 同じ形が繰り返されるとき

(2) 文脈から省略しても意味がわかるとき

(1)の場合、前文を参考にして省略部分を補足して読む。

④しかし、トニにはそれができなかった。今回は初めてなのでなおさらだ。

⑤ Anyway, Mum had said okay ／ after Toni had done some pretty fast talking; she'd had to tell a few lies, ／ but in the end ／ Mum had swallowed them.

Anyway, Mum had said okay(とにかく、ママはいいよと言ってくれた)。after Toni had done some pretty fast talking(トニがものすごく早口で話した後に)。娘のことを疑わない母、ジャッキーの様子がわかる。

セミコロン (;) の後はshe'd had to tell a few lies(トニはいくつか嘘をつく羽目になった)、but in the end(でも最後には)、Mum had swallowed them(ママはその嘘も真に受けてくれた)。ここで、them＝a few liesに注意。また、swallowは「(人の話) を鵜呑みにする／真に受ける」という意味。

⑤とにかく、トニがすごく早口で話した後に、ママはいいよと言ってくれた。トニはいくつか嘘をつく羽目になったが、結局ママはその嘘も真に受けてくれた。

⑥ "Chrissy's parents are taking us. ／ Five parents will be supervising. ／ Alcohol's not allowed. I'll be home by eleventhirty."

トニがジャッキーに言った嘘の数々である。Chrissy's parents are taking us.(クリッシーの親が私たちを連れて行ってくれることになっている)、Five parents will be supervising.(5人の親が監督することになっている)、Alcohol's(＝Alcohol is) not allowed.(アルコールは禁止)、I'll be home by eleventhirty.(11時30分までには帰宅するわ)。

⑥「クリッシーの親が連れて行ってくれるの。5人の親が監督することになっている。アルコールは禁止。私は11時30分までに帰宅するわ。」

第10段落

① She was especially embarrassed by the last one. ／ Eleventhirty — no chance!

the last one = I'll be home by eleventhirty. であることに注意。one = a lie。Eleventhirty — no chance! は描出話法。

①トニが特に戸惑ったのは最後の嘘だ。11時30分…ありえない!

② Still, ／ once she got out of the house, ／ Mum wouldn't know.

she はトニを指す。ここも描出話法。

②それでも、一度家から出てしまえば、ママにはわからないだろう。

③ Toni twisted her feet deeper into the sand.
③トニは自分の足をさらに深く砂の中にねじ込んだ。

なぜこのような行為をしたのだろうか？　次の文でほのめかされている。

④ She was just a tiny bit uneasy about all the lies.
④トニはついてしまった全ての嘘にほんの少し居心地の悪さを感じていた。

トニは母親に嘘をついたことに罪悪感を抱いていることがわかる。嘘をついてしまったので母親のジャッキーと顔を合わせることが気まずいのであろう。

⑤ But, why should she worry? ／ Everyone had to do it. ／ She'd never go anywhere if she didn't.

全て描出話法（トニの心の中の声を表す）である。Everyone had to do itのitは「母親に嘘をついて外出許可をもらうこと」。次の文のif she didn'tは省略で、補足するとif she didn't(do it) である（→【POINT 1】）。

⑤でも、どうして彼女（私）が悩まなきゃならないのだろう？　誰だってそうするしかない。そうしなかったら、彼女（私）はどこにも行けないだろう。

⑥ Look at Chrissy. ／ (9)Look at | what she had been getting away with for a year now.

Look at Chrissy.(クリッシーを見るといい／見てごらんなさい)。Look at ～は命令文。次のwhatは疑問詞あるいは関係代名詞のどちらか。what節のSはsheでクリッシーを指す。had been getting away withはVで、get away with ～(～をまんまとやり遂げる)に気をつける。「クリッシーがまんまとやり遂げてきた」ことは「親に嘘をついて自分のしたいことをする」ことだということはわかっているので、whatは疑問詞（何）ではなく、関係代名詞（～こと）になる。(9) の解答は
クリッシーがこの1年間にまんまとやり遂げてきたことを見ればいい。
などとなる。

⑥クリッシーを見て。あの子がこの１年間にまんまとやり遂げてきたことを見ればいい。

トニは罪悪感を打ち消すために、友人のクリッシーも親に嘘をついているとトニが自分に言い聞かせている様子がわかる。ここも描出話法だ。

問：　トニはなぜ、家の前の海岸で靴を脱ぎ、波打ち際の濡れた砂浜の中に足を突っ込んで、あれこれ思いを巡らせているのだろうか？

【解説】

小説（だけでなく、映画やドラマ）には無駄な描写は一切存在しない。この描写にもなんらかの意味があると考える。

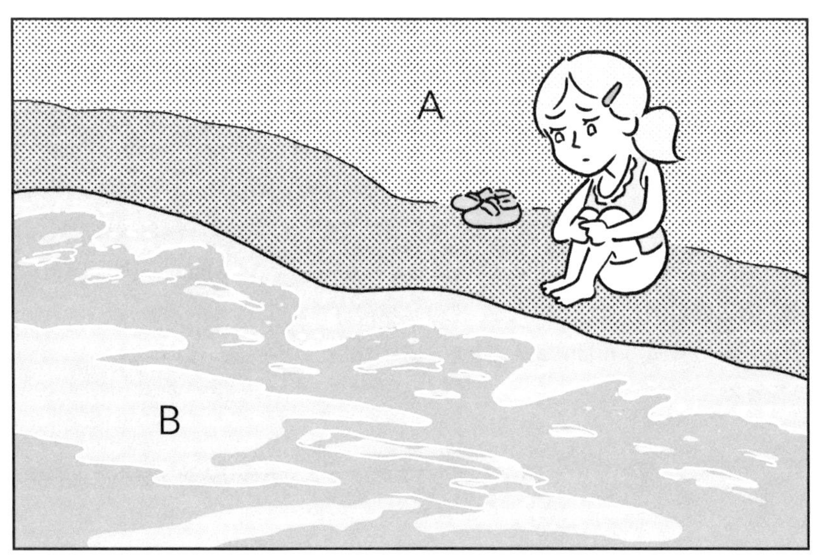

まず、砂浜の乾いている部分（＝A）、これは波が打ち寄せない部分であり、子供が親に守ってもらえる「安全地帯」を象徴している。つまり、「子供の領域」だ。安全安心ではあるが、ここでは母親であるジャッキーの言いつけを守り、親の指示通りに生きなければならない。

一方で、海（＝B）は広大であり、危険でもある。この海は危険も潜む「大人の世界」を象徴している。子供はいずれ大人になり、この広大な海へと自分の力でこぎ出していかなければならない。たとえば、トニが参加しようとしているビーチクラブでのダンスパーティーは楽しさもあるが、夜遅くまで続き、それなりのリスクもある。初めて参加する15歳のトニにとっては未知の領域である。

トニがいま足を突っ込んでいる砂浜の濡れた部分は、乾いた砂浜（=A）と海（=B）の中間領域であり、母親に初めて嘘をついた罪悪感と、母親の拘束から逃れて自分らしく生きたいというトニの自由を求める気持ち、つまり2つの相反する気持ち（=コンフリクト：【小説読解ポイント（6)】）の間で揺れるトニの心情を象徴した領域と言えるだろう。

また、この濡れた砂浜が、子供でもなく、かといって大人でもない「思春期」を象徴しているとも解釈できる。本問の前半部分で表現されている「いつまでも可愛い娘」という母親が抱くトニのイメージと、どんどん成長するトニの実像とのズレも見事に表現されている小説である。東大はやはり手ごわい。

それでは残りの問題を解いていこう。

（10）の選択肢を検討する。

ア　Toni's father moved to the city to live by himself ／ when Toni was seven.

（トニの父親はトニが7歳の時、一人暮らしをするために街に引っ越した。）

→トニの父親は7歳の時に何も言わず家を出て行ったという第1段落の内容より不適。

イ　Toni and her parents ／／ lived in a house by the beach ／ until she was seven.

（トニと彼女の両親は、トニが7歳まで海沿いの家に住んでいた。）

→トニと母親は、父親が家を出て行ったために街から海岸そばの家に引っ越した。不適。

ウ　Toni and her mother ／／ moved to a house by the beach ／ when Toni was seven.

（トニと母親は、トニが7歳の時に海沿いの家に引っ越した。）

→第1段落より、正解。

エ　Toni's father came to the beach ／ to see her on the weekend ／ until she was seven.

（トニの父親は彼女が7歳になるまで週末彼女に会いに海に来ていた。）

→トニの父親が家を出て行ってしまったために海沿いの家に引っ越したので不適。

（11）は用意された英文のあらすじに空所があり、その空所に適語を選択肢から選び適切な形にして入れる、という問題。

（11）Jackie doesn't（　a　）| that her daughter is quickly growing up, more quickly, perhaps, than she would like.

that節にher daughter is quickly growing up, more quickly, perhaps, than she would like（自分の娘が急速に成長している、おそらく、彼女が望むよりも急速に）とあるので、オ realizeが入る。

She（　b　）to see | that Toni now has her own thoughts and ideas.

第5段落以降にトニの気持ちが描かれているが、第4段落までのジャッキーのパートではトニの気持ちをくみ取れていないことがわかる。カッコの後にto seeがあるので、イ failが入る。主語がSheなのでfailsとなる。

Toni still（　c　）her mother ／ but feels a little uncomfortable ／ with the relationship ／ and wants to（　d　）more independent.

butの後ろがfeels a little uncomfortable（ちょっと居心地の悪さを感じている）でマイナスイメージ。（　c　）にはプラスイメージのエ loveが入る。主語がToniなのでlovesになる。

（　d　）は後ろが形容詞の比較級more independentなので、ア becomeが入る。

よって、完成した英文は

Jackie doesn't（realize）| that her daughter is quickly growing up, more quickly, perhaps, than she would like. She（fails）to see | that Toni now has her own thoughts and ideas. Toni still (loves) her mother / but feels a little uncomfortable / with the relationship / and wants to (become) more independent.

ジャッキーは、自分の娘が急速に成長している、おそらくは、自分が望んでいるよりも急速に成長していることに気づいていない。ジャッキーはトニがいまや自分の考えを持っていることを理解できていない。トニはまだ母親を愛しているが、母との関係に少し居心地の悪さを感じており、もっと自立したいと思っている。

となる。

解答

(1) イ　(2) out　(3) 2番目：behind　5番目：start　(4) ウ　(5) ウ

(6) これから恋人が来るので、年甲斐もなくはしゃぎすぎている態度。(30字)

(7) イ　(8) ウ

(9) クリッシーがこの1年間にまんまとやり遂げてきたことを見ればいい。

(10) ウ　(11) (a) オ　(b) イ　(c) エ　(d) ア

全訳

ジャッキーは窓枠に何もせず寄りかかり、家の前の海岸をじっと見ていた。海岸の遠く先に、青い服の見慣れた人物がゆっくりと家の方へ向かって歩いてくるのが見えた。彼女は、自分の娘をこっそりと観察できるこの瞬間が大好きだった。トニはみるみる成長していた。自分と当惑した7歳児がここにやって来てからあっという間だったように思う。トニはとっても父親を慕っていたわ！　トニがまだ5、6歳だった頃、毎週末に街から海へ時間をかけて出かけたものだ。トニは父親と一緒に、勇ましくも父親の背中にしがみついて大きな波へ向かっていった。そして、2人で波と戯れているときに喜びの声を上げたものだった。あの子は父親のことを信用しきっていた。その後、彼は彼らを置いて出て行ってしまった。メッセージも何も残さず。こつぜんと。

ジャッキーはトニの姿が今ではとてもはっきりとわかった。ジャッキーが目にしたのは、トニが自分の靴を波打ち際の岩の上に置き、濡れた砂地へと歩を進め、そこで立ち止まり、手を腰に当ててうつむき、下をじっと見ている姿であった。あの子はいったい何を考えていたのかしら？　ジャッキーは愛情が込み上げてくるのを感じた。その強さは衝撃的と言ってもよかった。「あの子のためだったら何だってするわ」ジャッキーは気がつくと声に出していた。「何だって」。

過去を忘れ去り、再出発したくて、8年前に都市部からこの家に引っ越したのは、まさにトニのためであった。きっと、ここまで来れば、子育てはよりシンプルでより安全でより楽しいものになるだろう。そして実際そうだった。トニは安全に自転車通学したり、友人宅に出入りしたり、海岸を散歩したりできた。ジャッキーが職場にいる間、トニが放課後行く場所に事欠くことは一度もなかった。2人は良い関係で、トニはジャッキーに一切面倒をかけたことがなかった。だから、あと3年もしたら、彼女、つまりジャッキーは街に戻って、ティムと一緒に暮らし、ひょっとしたら結婚するかもしれないと考えていた。

彼女は時計をチラッと見上げた。4時だ。彼はいつもの金曜日のように、7時にここにやって来るだろう。トニ以外では、彼はジャッキーが世界で一番好きな人だった。毎週末、彼はこの家にやって来て、みんなで家族みたいに過ごした。彼はジャッキーに対して、街へ出て一緒に暮らそうという圧力をかけたことは一度もなかった。彼はまずトニが卒業するのを見届けたいという彼女の気持ちをわかっていた。彼は、彼女の準備ができるまで待つ覚悟があると言ってくれた。ジャッキーはこの取り決めが気に入っていた。平日はお互い顔をまったく合わせないため、2人の関係は新鮮なままだった。2人には毎週金曜日お互いに話すことがたくさんあった。準備をすること（髪をシャンプーしてブローし、お気に入りの服を着て可愛くなること）はとても楽しかった。ジャッキーはトニとティムがいることを神に感謝した。

***

トニは自分の両脚をさらに濡れた砂に押し込んだ。彼女はまだ家に帰りたくなかった。彼女には考えなければならないことがたくさんあったからだ。家では、わくわくしながらママがあれこれ慌ただしくしていて、歌ったり、掃除をしたり、ティムに会う準備をしたりしているんだろう。うちのママと同じ年齢の人が、あんな風に振る舞うなんて！　トニは本当に少しやりすぎではと思っていた。少し痛々しいくらいだ。ティムは素晴らしいけど。それは彼女も認めざるをえなかった。彼女は一面でママに恋人がいることを本当に喜んでいた。しかし一方で困惑もしていたのだった。嫌だ、まだ家には帰らない。

彼女は海岸を隅から隅まで見渡した。彼女は誰もいないことにほっとした。彼女は本当にこの服を着ているところを見られたくなかった。この服はとてもフリフリしていて女の子っぽい服だから。彼女は土曜日のバイトの面接に行ってきたところで、ママがこの服を彼女に着せたのだった。「この服はとってもカワイイし、この服を着ているあなたはとっても素敵よ。良い印象を与えることは大事だもんね」ってママは言っていた。まあ、バイトは採用された。ママは今頃、その知らせを聞きたくて待っているのだろう。そして、自分が賞か何かを取ったみたいにすっかり興奮するのだろう。ママはそんなに興奮しなければいいのにと、彼女は強く願うことがあった。でも、1つだけいいことがある。たまには自分で使えるお金が手に入るだろうし、気分転換に自分が欲しい服も少しは買えるだろう。

1つ確実なことがある。自分は今晩この服は着ない！　ママが自分を確実に外出させてくれるようにするために、家を出るときにはこの服を着るけど、その後、クリッシーのところで着替えるつもりだ。もう本当に色々少し面倒だった。以前はこんなことをしなくてもよかったのに。ただママにダンスパーティーに行く許可をもらうことだけでも十分大変だった。「そこ、監督する人はいるの?」「アルコールは出るの?」「何時に終わるの?」などなど。警察の取り調べみたいだった。他の子の親は、うちのママみたいにくどくどまくし立てない。でも少なくとも、彼女（私）は出かける許可をもらった。初めてビーチクラブに行ける！

クリッシーは母親に許可なんか求めなくていいとトニに言った。「ママと彼氏がベッドに行ったら、窓から抜け出せばいいだけよ」というのがクリッシーのアドバイスだった。「とにかく遅くなるまで何も始まらないし。」しかし、トニにはそれができなかった。今回は初めてなのでなおさらだ。とにかく、トニがすごく早口で話した後に、ママはいいよと言ってくれた。トニはいくつか嘘をつく羽目になったが、結局ママはその嘘も真に受けてくれた。「クリッシーの親が連れて行ってくれるの。5人の親が監督することになっている。アルコールは禁止。私は11時30分までに帰宅するわ」。

トニが特に戸惑ったのは最後の嘘だ。11時30分…ありえない！　それでも、一度家から出てしまえば、ママにはわからないだろう。トニは自分の足をさらに深く砂の中にねじ込んだ。トニはついてしまった全ての嘘にほんの少し居心地の悪さを感じていた。でも、どうして彼女（私）が悩まなきゃならないのだろう？　誰だってそうするしかない。そうしなかったら、彼女（私）はどこにも行けないだろう。クリッシーを見て。あの子がこの1年間にまんまとやり遂げてきたことを見ればいい。

おわりに

今後の学習について

ここまで、読み通した皆さん、よくがんばりました。英語長文の読み方がきちんとわかり、今後の学習の方向性も見えてきたでしょう。ミクロの視点とマクロの視点を忘れずに、今後の学習を積み重ねていってください。演習する教材はやはり大学入試で出題された問題がいいでしょう。受験生の読者は、自信を持って志望校の過去問に進んでください。その際、次の3点が重要です。

1 ▶ 一度解いた英語長文は、繰り返し「英語チャンク（カタマリ）→日本語の意味」の音読を繰り返す（→第1講）。繰り返し「英→日」音読をすることで理解が深まり、また英語長文全体を俯瞰することができるようになる。回数は1つの長文につき、10回は読もう！

2 ▶ 第3講と実戦編を参考に、英文と英文のつながりを意識しながら英語長文問題に取り組もう。マクロの視点を自分のものにすれば、どんなに分量の多い長文も攻略できる。言い換え・比喩・対比・フレーズ要約などが皆さんの武器だ。

3 ▶ 英語長文のテーマに関する背景知識もチェックしておきたい。まずは自分が関心を持ったことだけでもよいので調べてみよう。それを他教科の学習と結びつけることができれば言うことなしだ。大学で専攻する学問にもつながるかもしれない。

あとがき

この本は、第一線で予備校講師を長年務め、『Top Grade 難関大突破英語長文問題精選』（学研）の著者でもある村瀬亨先生が、私を学研の細川さんに紹介してくださったご縁をきっかけに出来上がりました。村瀬先生とは、私が当該予備校で教え始めて3年目に、たしか津田沼校で話しかけていただいたのが最初の出会いだったと記憶しています。その後も麹町校、横浜校などでお見かけするようになり、食事に誘っていただいたりするようになりました。大変面倒見の良い先輩で色々な話を聞かせていただきました。

村瀬先生が近年危惧なさっていたことは、かつての予備校文化には色濃く残っていた「教養」を重視した指導の退潮でした。それはつまり、テクニック重視の指導が流行していることの裏返しでもあります。思えば、市販の参考書や問題集も、テクニックや「わかりやすさ」重視のものが増えました。このような「わかりやすさ」重視の風潮の中でこそ、逆に「背景知識」やその核にある「教養」に切り込む骨太の参考書が必要なのではないかということで、村瀬先生と編集担当の細川さん、私の意見が一致し、この本が生まれました。

細川さんには企画の段階からお世話になり、執筆スケジュールを適切に管理して下さっただけでなく、硬めな文章になりがちな私の原稿をより読みやすくするための助言をいただきました。コロナウイルスの蔓延（まんえん）など非常に不安定な社会情勢の中、なんとか原稿を書き上げることができたのは、ひとえに彼女のおかげです。また、そうして出来上がった原稿に目を通していただき、ご自身の英語講師としてのキャリアを踏まえ、本書をさらに良いものへ磨き上げてくださったのは村瀬先生のおかげです。先生には企画や執筆の段階でもいろいろご助言をいただきました。末筆にはなりますが、お二人に関して深い謝意を表明させていただきます。お二人がいなければ決してこの本は完成しなかったでしょう。

渡辺淳志

MEMO

MEMO

著者プロフィール

渡辺淳志 Atsushi Watanabe

河合塾英語科講師。難関大学受験渡辺塾主宰。能開予備校オンラインゼミ英語科講師。ラジオパーソナリティ。国際基督教大学（ICU）教養学部理学科卒業。ICU大学院修了後、信託銀行勤務を経て早大と東大大学院の3つの研究科を修了。修士号（理学・国際関係学・経済学・教育学）、教員免許（数学・公民）を持つ。東大大学院総合文化研究科博士課程単位取得。代々木ゼミナールで数学、SAPIXで国語、早大学院高校で公民を指導し、また私大非常勤講師を務めたこともある。理系と文系両方の学位を取得し、多教科を指導していたことから、英語指導においては、教養と背景知識の重要性を強調している。本書で明らかにした「渡辺メソッド」は、長年の予備校での指導から日本語と英語の構造の違いに注目した読解法であり、受講生からは「速読ができるようになった！」「リスニングの点数が伸びた！」と喜びの声が届いている。現在は河合塾を休職し、香川県でセミリタイア中。

監修者プロフィール

村瀬亨 Toru Murase

河合塾講師、河合文化教育研究所研究員。早大、東大大学院で国際政治を修め、ハワイ大学大学院へ留学したのち、岐阜教育大学（現・岐阜聖徳学園大学）、湘南工科大学、神奈川大学などの講師を経て、河合塾専任講師となる。主な著書として『Top Grade 難関大突破英語長文問題精選』（学研）、共著に『ENGLISH BOOSTER 大学入試英語スタートブック』（学研）、『英語長文読解読み方から解法まで』「発展編」と「標準編」（河合出版）、訳書にウイリアム・カウフマン著『1980年代の防衛』（カヨウ出版）、『光と影ハイデガーが君の生と死を照らす！』（鳥影社）など多数。インターネット配信「学びエイド」で入試問題解説や各大学教授との対談を配信中。

教養で読み解く英語長文

STAFF

ブックデザイン／上坊菜々子
イラストレーション／田渕正敏
校閲／株式会社アポロ企画、日本アイアール株式会社、大塚智美
英文校閲／Kathryn A. Craft
データ作成／株式会社四国写研
印刷所／株式会社リーブルテック

※第8講の東京大学の英文は、令和3年4月26日に著作物法第67条の2第1項の規定に基づく申請を行い、同項の適用を受けて作成されたものです。

①